新时代的担当

—— 扶贫记者眼中的脱贫攻坚

顾仲阳◎著

全国百佳图书出版单位

时代出版传媒股份有限公司

安徽人民出版社

图书在版编目（CIP）数据

新时代的担当：扶贫记者眼里的脱贫攻坚 / 顾仲阳著 . — 合肥：安徽
人民出版社，2020.8

ISBN 978-7-212-10322-4

Ⅰ . ①新… Ⅱ . ①顾… Ⅲ . ①报告文学－中国－当代 Ⅳ . ① I25

中国版本图书馆 CIP 数据核字（2018）第 290062 号

新时代的担当——扶贫记者眼里的脱贫攻坚

顾仲阳　著

出版人：陈宝红　　　　　选题策划：刘　哲　　　　　责任印制：董　亮

责任编辑：袁小燕　周　羽　　　责任校对：张　春　　　　　装帧设计：宋文岚

出版发行：时代出版传媒股份有限公司 http://www.press - mart.com

　　　　　安徽人民出版社 http://www.ahpeople.com

地　　址：合肥市政务文化新区翡翠路 1118 号出版传媒广场八楼　　邮编：230071

电　　话：0551-63533258　0551-63533259（传真）

印　　刷：安徽联众印刷有限公司

开本：710mm×1010mm　1/16　　印张：16.5　　　　字数：150 千

版次：2020 年 8 月第 1 版　　　2020 年 12 月第 5 次印刷

ISBN 978－7－212－10322－4　　　　　　　　定价：48.00 元

序

2020 年必将在中华民族历史上写下令人称颂的华章。这一年，我国如期打赢脱贫攻坚战，提前 10 年实现联合国 2030 年可持续发展议程的减贫目标，完成了一项对中华民族、对人类都具有重大意义的历史伟业。世界银行前任行长金墉评价这是"人类历史上最伟大的故事之一"。

顾仲阳同志是人民日报记者，从事扶贫报道 14 年，业内人称"扶贫记者"。他不仅熟悉精准扶贫、精准脱贫顶层设计，更为难能可贵的是，他长时间深入贫困乡村采访，对基层扶贫工作比较熟悉，写了不少既连天线又接地气、既权威又可读的好报道。这本书收纳了党的十八大以来顾仲阳同志的主要扶贫报道，这一个个脱贫攻坚的"中国好故事"，也是他新闻扶贫成果的一个很好展示。

我认真看了书稿，全书从一个党报扶贫记者的视角，全方位见证并记录了党的十八大以来我国脱贫攻坚的伟大进程、取得的伟大成就。本书既有作者长期深入采访写成的一线鲜活扶贫脱贫故事，又有作者蹲点贫困山乡调研形成的深度报道；既有地方打赢脱贫攻坚战的精彩创新实践，又有扶贫先锋人物脱贫攻坚的先进事迹；既充分展示了十八大以来党带领全国人民进行的火热的反贫困斗争及取得的累累硕果，也不回避面临的困难、存在的问题。对于脱贫攻坚进程中遇到的问题，作者有不少理性的思考与建议；对于贫困群众的合理诉求，作者大声为他们鼓与呼。全书既有浓厚的家国情怀，又有枝叶关情的民生关切，是全方位了解我国脱贫攻坚伟业的一本难得的好书，非常值得一读。

当前，脱贫攻坚已经到了决战决胜的关键时期，中华民族千百年来存在的绝对贫困问题，将在我们这一代人的手里历史性地得到解决。我由衷地希望，新闻媒体继续关注、宣传扶贫，大力宣传脱贫攻坚的政策举措，大力宣传脱贫攻坚的先进典型，把握积极向上的舆论导向，为如期打赢打好脱贫攻坚战营造良好的社会氛围，希望社会各界人士各尽所能，关心支持脱贫攻坚。全党全国全社会共同努力，我们一定能夺取脱贫攻坚战全面胜利！

国务院扶贫办主任

2018 年 8 月 20 日

目 录
CONTENTS

第一章 扶贫调研

第二章　驻村纪实

第三章　脱贫攻坚

第四章　扶贫先锋

第 一 章
FUPIN DIAOYAN

扶 贫 调 研

政府主导，群众全面参与

——四川省南充市世纪初扶贫出战果

2011 年 11 月 16 日，《中国农村扶贫开发的新进展》白皮书发布，新世纪头十年，我国农村减贫 6734 万人，为全球减贫事业做出了重大贡献。位于秦巴山区的四川省南充市是我国农村扶贫开发工作的一个缩影。

21 世纪以来，南充贫困人口减少了 85%，还开展了一系列扶贫开发创新试点，为全国扶贫工作创造了经验。我国的扶贫开发给贫困地区贫困群众带来了怎样的变化？我国的减贫事业何以取得如此巨大的成就？带着这些问题，记者走进南充山乡寻找答案。

南充是一块"红色"的土地，也是我国农村扶贫开发工作的一块热土。时隔多年，记者重访南充，贫困山乡沧桑巨变，老区贫困群众生活大有奔头，衷心感谢党、坚定跟党走的感情与信念溢于言表。这种变化的动力来自哪里？南充的扶贫开发实践有哪些值得借鉴的经验与启示？

政府主导，大扶贫攻坚，10 年减贫 85%

南充曾是川陕革命根据地的重要组成部分，新民主主义革命期间，7 万多人参加红军，近 3 万人牺牲。中华人民共和国成立后，老区人民一朝翻身做主人，却有很多人几十年没有越过贫困线。

"山高路险石头多，水贵如油光棍窝。"困在路，苦于水，恶劣的地理条件和自然环境成了南充人脱贫致富路上的拦路虎。

经过产业扶贫升级改造，柑橘产业已经成为南充市高坪区永安镇青林村的致富产业。图为 2011 年 11 月 17 日，村民何玉清正在采收优质广柑。

老区人民一直没有停止过和贫困的抗争，党和国家也没有忘记他们。《中国农村扶贫开发纲要（2001—2010 年）》实施后，国务院扶贫开发领导小组把南充市 4 个县确定为国家扶贫开发工作重点县，四川省把南充 1138 个贫困村列为全省扶贫开发工作重点村。南充市委、市政府明确了"项目推动促进发展，民生工程促进和谐"的工作重点。政府主导，一场新的扶贫开发攻坚战，在这片红色的热土上，再次打响。

瞄准贫困人口，从群众反映最强烈的问题入手，整合资金集中投入；广大群众积极主动，投工投劳；社会各界结对帮扶。各方力量、各种资源集合在大扶贫的旗帜下。

大扶贫带来大变化，老区焕新颜。2011 年 11 月 12 日，记者重访仪陇县。一座基础设施完善的现代化新县城矗立在嘉陵江畔，通往老县城的路两边，原先随处可见的土坯房，被一座座绿树掩映的二三层小楼所取代。"公路修到家门口，自来水流到屋里头，增收致富不再愁。"正盖新房的日兴镇九湾村二组农民聂积正这样形容现在的生活。

最有说服力的还是数字：21 世纪头十年，南充市共整合各类扶贫资金 26 亿元，拉动其他资金投入 150 亿元，全市农村贫困人口由 2000 年年底的 68 万减少到 2010 年年底的 10.47 万，10 年减贫近 85%，3225 个行政村告别行路难，154 万人告别饮水难。南充市委书记刘宏建说，下一步，南充将继续坚持政府主导，高举大扶贫旗帜，以项目为支撑，整合资源，加大投入，让扶贫开发事业迈上新台阶。

参与式扶贫，项目群众说了算，设施农民自己管

"政府主导的同时，充分发挥群众的主体作用。"南充市市长高先海说，南充在扶贫开发和新农村建设进程中都坚持这一点。

2005 年 6 月，国务院扶贫办在仪陇县开展"搞好扶贫开发，构建社会主义和谐社会"试点工作，日兴镇九湾村是首批试点村。

积贫积弱，扶贫开发该从何处入手？当时村民们意见不统一，村"两委"选出了多个群众期盼解决的问题，让大家通过投苞谷粒的方式，按照得票多少确定了"一水、二路、三产业、四人居环境"的发展顺序，村委会立即根据群众的意愿组织实施，广大群众积极参与，仅用5个月时间，村里便修通了8千米村道路，吃上了自来水。"从大事小情村干部说了算，到啥子事情群众说了算，改变了剃头挑子一头（群众）冷一头（干部）热的局面，各项工作好开展多了，干群关系也更加和谐！"村委会主任聂云生感叹。

受此启发，有关部门对九湾村的这种做法进行了制度化、程序化规范，形成了坚持党的领导与村民自治有机统一的村务管理"五权模式"：强化村党支部的领导权，规范村民会议的决策权，落实村委会的执行权，保证村民小组的议事权，保障农民群众的监督权。

南充市扶贫和移民工作局局长冉中华说，"五权模式"的核心就是通过参与式扶贫调动群众的积极性，"贫困地区广大干部群众主体作用充分发挥，有效克服了扶贫资金投入不足、基础设施后续管护不到位等难题，加快了减贫进程"。

随着西南地区最大水利枢纽工程——升钟水库开工建设、下闸蓄水，南部县10万库区群众"就近后靠、就近上移"，在解决了200多万亩耕地灌溉的同时，也形成了南充市最大的连片贫困地区。为啃下这块扶贫开发硬骨头，南充市坚持群众主体，构建起群众"自主建设、自主管理、自主经营、自主治理、自主强化"的扶贫开发长效机制。

南部县双峰乡胖土地村和村民杜克忠签有一份协议：杜克忠负责家门口60米村道和两旁24株核桃树苗日常管理，核桃树挂果后，收入全归他。"核桃树挂果后一年能收入3000元，村道养护最多几百元。"算清账的杜克忠把路和树都管得像自家似的。

类似于这种"认树养路"的群众自主管理模式，在库区普遍推行，通过发挥群众的主体作用，有效解决了库区贫困村基础设施后期维护难题。

2011年11月13日，双峰乡柳树坪村村口路边上的两块大水泥墩子，给到访者来了个下马威。村支书蒲钊昌解释说，这是推行"五自"机制后，村民自发摆的，目的就是阻挡大车进村压坏道路。"2008年修这条路时，每千米10万元的上级投资不够，需要村民集资投劳，村里胡氏老太太一时拿不出钱，硬是卖掉寿材也不拖后腿。"蒲钊昌说，正是充分发挥了群众的主体作用，村里很快就摘掉了"贫困帽"。

构建长效产业扶贫模式，"穷窝"孵出"金蛋"

贫困农民要稳定脱贫致富，贫困地区要可持续发展，关键要开发式扶贫，需要强有力的产业支撑。

11月13日，刚吃完午饭，大林寺村村民袁永超就来到村里的食用菌产业园装菌袋。袁永超家有6个食用菌大棚，2010年收入10来万元。他家5年前还是贫困户，现在早已过上了小康生活。村主任袁德才说，农民产业园创建前的2007年，全村农民人均纯收入只有2000元左右，近六成农户是贫困户，而2010年，全村人均纯收入达到了6670元。

农民产业园，用大林乡乡长尹安琳的话概括，就是"政府引导、农民自主、龙头带动、金融支持、协会组织、规模发展"。产业园采取"龙头企业＋合作社＋农户"的运作模式。大林寺村的食用菌产业园引进了扶贫龙头企业——四川省南充绿宝菌业科技有限公司，年产5000万袋食用菌。像袁永超家一样，全村206户农户，超过一半加入了村里的食用菌专业合作社。

袁永超以前单干培植食用菌，年景好时一年能挣5万～8万元，不好时还赔钱。"现在销售由公司负责，技术由公司技术员指导，价格卖得更好，收入更高而且稳当。"

除了销售和技术，对于袁永超这样当年的贫困户来说，起步资金是更大的障碍。好在为配合农民产业园建设，区财政投入200万元成立了农村小额信贷担保有限公司，2008年，袁永超顺利地贷到了5万元扶贫贴息小额贷款，不到两年，他就成功还清了贷款。

农民产业园有效解决了丘陵地区贫困农户在市场经济条件下各种发展难题，"穷窝"孵出了"金蛋"，贫困群众家门口实现了致富。冉中华介绍说，如今，各种农民产业园如雨后春笋，"大林模式"在南充花开朵朵。

在山区南部县库区，经过扶贫攻坚，现在群众户均拥有"1亩桑园、1头生猪、1只山羊、50棵核桃树"，特别是在专业合作社的带动下种桑养蚕，贫困农户短期增收难题得到有效解决；同时，利用库区水面资源和良好生态，南部县着力培育钓鱼休闲、生态旅游等产业，作为库区群众长期增收的支柱产业。扶贫产业长短结合，夯实了库区群众稳定致富增收的基础，库区农民人均纯收入由2005年的1039元提高到2010年的4500元。

"更大的变化还是在心里头，我们从来没有像今天这样感觉有奔头。"由"老上访"转变为县委书记民情联络员的大坪镇红光村村民李荣训的一席话，道出了库区10万群众的心声。南充市扶贫和移民工作局副局长梅晓琴介绍说，过去曾因生活特困、没有希望而多年上访不断的库区人民，现在发自内心地感谢党和政府的惠民好政策，省、市领导到库区调研时，经常有很多群众专程从几十里之外打着"摩的"赶来表达感激之情，"让人感觉仿佛回到了激情燃烧的革命战争年代"。

（原文名为《南充看扶贫》，《人民日报》2011年11月20日第5版，版名《新农村周刊》，作者：顾仲阳、吴小蓉）

作者感言

　　这是 2011 年的一篇报道。当时的感受是市场经济大潮中，贫困群众"游泳"更不易。我国很多贫困地区的产业基础还很薄弱，探索更为成熟的长效产业扶贫增收模式，提高贫困群众在市场经济条件下的发展能力，应该成为下一步扶贫开发工作的重中之重。笔者去南充采访过好多次，主要原因是南充在全国都是一个出扶贫经验的地方。这其中的原因，笔者认为主要有两个：其一，这里的自然条件、资源禀赋在全国贫困地区中算是比较好的；其二，南充人民比较有干劲、有闯劲。有了这种劲头，改革创新就多，工作就容易出彩。这种劲头，对脱贫攻坚而言，也是一种值得提倡的宝贵精神财富。敢想敢干，宁可苦干不苦熬，南充肯定能交出一份出色的脱贫答卷。

扶贫开发有机融入"三化"进程

——浙江省"融合式扶贫"成效显著

2011 年，浙江全省农民人均纯收入 13071 元，蝉联全国省区之首，浙江还要扶贫吗？

浙江省委常委、副省长葛慧君笑答："贫困是个动态的相对的概念，共同富裕是社会主义的本质要求，我们要坚持把扶贫当作长期的战略任务和政治任务来抓。"

浙江省委副秘书长、农办（扶贫办）主任章文彪介绍，1978 年，浙江农村贫困发生率 36.1%，高于全国平均水平 5.4 个百分点。改革开放以来，浙江坚持把扶贫开发有机融入工业化、城镇化和农业现代化"三化"进程中，从着眼全省到聚焦浙西南山区，从消除贫困县到消除贫困乡镇，从扶持欠发达乡镇奔小康到扶持低收入农户奔小康，重心不断下移，工作逐层深入。

"经济越发展，越应重视扶贫工作。"葛慧君介绍说，进入 21 世纪，浙江每五年出台一个推进欠发达地区发展的区域扶贫政策，实施一个推进具体扶贫对象奔小康的扶贫工程。"中央扶贫开发工作会议后，省里更是将扶贫标准从 2500 元（2007 年不变价）大幅提高到 4600 元（2010 年不变价）。"章文彪说。

正是基于对贫困问题的认识到位和对扶贫开发的一贯重视，浙江减贫成效喜人，贫富差距日益缩小：2011 年 271 万低收入农民人均纯收入 5298 元，比 2010 年增长 25%；他们与全省农民人均纯收入之间的差距连续缩小，2011 年降至 1：2.47。

低收入农户如何融入"三化"——搬迁扶贫享受均等公共服务，培训就业增收致富

浙江省扶贫办副主任邵峰用一句话概括浙江扶贫最大的特点："坚持把扶贫开发有机融入'三化'进程，让低收入农户平等参与，公平分享。"

这其中，异地搬迁扶贫是一项重要战略举措。从 2008 年起，浙江省实施低收入农户奔小康工程，全力推进高山远山、重点库区、地质灾害隐患区、偏远小岛和重点生态保护区农户异地搬迁。截至 2011 年，累计完成投资 109.2 亿元，异地搬迁 30.9 万人。各地坚持以人为本，尽可能把搬迁安置点选在区位优越、就业方便、产业基础较好的县城、中心镇、小城镇、中心村和工业功能区。

搬下来只是第一步。浙江省把搬迁扶贫当作系统工程来做，力促搬迁农户"稳得住，能致富"。

免费技能培训和就业服务及时跟上。2008 年以来，29 个省重点扶持县累计培训低收入农户 43.9 万人，转移就业 20.5 万人。丽水市云和县普光小区配套设施齐全，其中下山农民转移培训综合楼已累计培训 4000 多名农民，"岗位超市"及时发布最新招工信息。从紧水滩库区搬下来的叶建利经过培训后，顺利地在一家木制玩具加工厂就业。云和县农办主任叶秋霞介绍，全县 700 多家木制玩具加工厂现在招工缺口还有 15%。"只要下山农民愿意接受培训，就业不是难题。"

发展现代农业也是一条重要出路。衢州市衢江区莲花镇五坦村搬迁下山农民符国良最近非常高兴："2011 年 6 亩大棚草莓纯收入 10 多万元。2012 年采用立体栽培后，产量翻了一番，价格更高！"像符国良一样，加入莲花镇红艳草莓产销班的农户，通过土地流转统一生产经营草莓，

顺利脱贫致富。区长鲍秀英介绍说，在杭州市的结对帮扶下，衢江建成现代化特色农业基地2万多亩，很多农产品成功打入杭州都市经济圈，丰富的农业资源大量转化为贫困农户的收入。

搬迁农户生活上也逐步融入。从龙泉市安仁镇偏远深山搬下来的低收入农户潘天宝高兴地说："在山上住了大半辈子泥木房，想不到现在享上了福。"市委书记蔡晓春介绍说，龙泉市目前下山搬迁39884人，全市城镇化率5年提高了10个百分点，市里积极推进公共服务均等化，搬迁农户住院看病报销比例和基本养老保险水平，已跟城镇居民同标，孩子在城里上学也不用交择校费。

贫困农户如何跟上整体发展步伐？——普惠政策加大倾斜，特惠政策重点扶持

由于体制和自身原因，贫困地区、贫困人口往往很难跟上整体发展步伐，必须在加大普惠政策倾斜力度的同时，采取特殊重点扶持政策，帮助他们不在全面小康征途中掉队。

从2011年起，浙江对全省12个发展最滞后的重点欠发达县，实施为期3年的特别扶持政策，每年安排16.8亿元专项资金。"这是浙江公共财政转移支付制度和财政扶贫方式的一次重大创新。"葛慧君说。

丽水市景宁畲族自治县大均乡李宝村是个贫困畲族山村。"以前出趟村卖点药材都不容易。在省里特扶政策的支持下，村里基础设施大为改善，修了通山路，还发展起了农家乐。"村支书雷刘东乐呵呵地说，"去年村里种的金银花，吸引了外地客商前来收购，每公斤120多元。"

真金白银的扶持，转化为日益增强的内生发展能力。2011年12个特扶县农民人均纯收入增长17%，61.5%的低收入农户人均纯收入超过4000元。

普惠政策倾斜、特惠政策重点扶持，这一理念体现在浙江扶贫的方方面面，也成为逐步缩小贫富差距的利器。

下山搬迁，会不会发生较富农户城镇化、较穷农户留守的现象？浙江省扶贫办扶贫处处长张良介绍说，降低下山搬迁成本，实施向贫困农户倾斜的差别补助；不同区位的安置地点，不同档次的房子，提供多元化选择；这些政策让更多的低收入农户在自愿的基础上搬得下来。

距县城核心区仅 4 公里的衢州市龙游县晨东小区，如今成了近 1000 户下山搬迁农户的幸福家园。每平方米安置价 1080 元，只相当于市价的1/5。衢州市农办（扶贫办）主任王水法告诉记者，晨东小区的安置房，绝大多数山里人都买得起。"省里人均补助 5600 元，加上市县补贴，每人近万元。如果不够，还可以从农村信用合作联社申请贴息按揭贷款。"

搬下来之后，没法正常就业的，如何也能增收致富？浙江省每个脱贫小区都规划建设了来料加工厂房，让这些人在家门口挣钱。晨东小区张胜娇等经纪人开办的农民创业园里，除了一大群女工，还有一群年逾花甲的老人在缝制卡通布艺玩具。73 岁的邹招水老人说："像我们这样没有技术、年纪又大的，都能在家门口挣钱，还能照顾家里，真是挺好！"2011年，29 个省重点扶持县来料加工从业人员 95 万人，人均加工费收入 7100多元。

政策倾斜，贫困农户被有效地扶了起来。扶贫统计监测显示，2011年全省低收入农户人均纯收入增长 25%，高于全省农民平均增幅 9.4 个百分点。

（原文为《看浙江"融合式扶贫"》，《人民日报》2012年 4 月 8 日第 5 版，版名《新农村周刊》，作者：顾仲阳）

作者感言

这是一篇写在 2012 年的扶贫报道，当时的出发点是写点发达地区扶贫开发的经验，供中西部地区学习借鉴。毋庸讳言，这些年浙江减贫成效巨大，跟不断加大扶贫资金投入密切相关。但有钱并不见得就能做好扶贫工作，相反，贫困问题、贫富差距问题往往随着经济发展而日益突出。深入采访后笔者发现，浙江扶贫最大的经验，在于坚持将扶贫开发有机融入"三化"进程，创新机制、创造条件让贫困农户参与这一进程并分享发展成果；通过融合扶贫，贫困地区、贫困农户的内生发展能力逐渐增强，贫富差距日益缩小。

"缺钱"的中西部地区也能学这条经验。实际上，这些年我国对全球减贫事业的贡献率能达 70% 左右，最大的原因就在于改革开放以来我国经济连续高速增长带动了大量的贫困人口增收脱贫。改革开放推动经济持续增长还将是我国最大的减贫动能，而打好打赢脱贫攻坚战，关键一点在于让贫困人口融入其中、参与其中，分享发展成果，增强发展能力，这才是扶贫扶到根上。浙江的这条减贫经验对于新形势下的扶贫工作依然具有重要而现实的借鉴意义。

点面结合拔穷根

——四川巴中全域扶贫，连片开发，精准实施

提起巴中，早些年到过的人大多会摇摇头，感叹蜀道之难难于上青天：从成都坐车得颠上一整天才能到。地处秦巴山连片特困地区腹地，山大沟深，交通极为不便。不实施连片扶贫开发，突破交通等基础设施瓶颈，脱贫谈何容易？

按照新扶贫标准，2010年年底巴中全市农村贫困发生率高达27.2%。面对既要脱贫又要同步实现全面小康的双重任务，原来的大水漫灌式扶贫投入大、见效慢、易返贫，已不能适应新形势、新要求。

近3年，巴中区域经济快速发展、贫困人口快速减少：全市地区生产总值、财税收入、城镇居民可支配收入等经济指标增速位列全省前茅，全市贫困人口由2010年年底的87.1万人减少到2013年年底的47.8万人，其中片区内减贫数占2/3。

连片扶贫，缺啥补啥，穷乡大变样，产村相融，贫困户家门口摘"穷帽"

巴中之穷，穷在自然条件恶劣，基础设施落后，公共服务不完善。典型的盆周山区，自然灾害易发多发，2010年年底，村道硬化率和自来水通水率不足四成，平均5个村才有一个标准化卫生室……

要从根本上缓解发展瓶颈，补齐发展短板，零敲碎打式的扶贫开发很难实现2020年前全域脱贫的目标。巴中市委书记李刚说："巴中主动

四川省巴中市平昌县元山镇中岭村富有特色的"巴山新居"掩映在青山绿水中。

求变，打破县、乡、村行政界限，将全市农村连片规划为 100 个扶贫开发区，缺啥补啥，大规模重点解决阻碍发展的共性和突出问题，实现公路连通、产业连带、新居连块、基本公共服务连城。"

"在每个片区内实施'1+6'组团式扶贫开发，是目前连片扶贫工作的具体抓手。"巴中市委常委侯中文介绍，"1+6"即坚持政府主导，以"1"个服务型基层组织建设为核心，同步推进以巴山新居、乡村道路、产业发展、技能培训、公共服务和生态建设为重点的"6"大扶贫工程。

平昌县元山镇中岭村曾是个典型的贫困村，村民大多散居在海拔 800 米的寿南寨上，生产生活都极不方便。2011 年，该村被纳入县里的元山—得胜—驷马扶贫片区，建设聚居点、集中供水点、村小教学点，配建便民服务、农民培训、文化体育等公共服务设施。如今，一栋栋富有特色的"巴山新居"掩映在青山绿水中，蜿蜒的水泥路进村连户……连片扶贫开发，让中岭村完全变了样。

面貌改变还不够，关键要让贫困群众过上好日子。产村相融铺设了一条通达的致富路。2011 年年底，在广东打工的罗正祥看准中岭村建设新聚居点的机会，返乡开了家祥和农家乐，2013 年收入 30 多万元。

祥和农家乐的对面，就是乡里引进的四川大巴山生态农业开发有限公司的蔬菜基地。乡长向伟林说，通过"公司＋合作社＋农户"的方式，全乡 7 个村 3000 多农户受益。72 岁的谢孝珍流转了 4 亩菜地，自己在公司打工，每月收入 1600 元，顺利脱贫。平昌县扶贫和移民工作局局长何修德介绍，全县农民流转和入股了 12 万亩土地，在龙头企业的带动下发展了生猪、土鸡养殖和蔬菜种植等扶贫产业。

像中岭村一样，连片扶贫给巴中贫困山乡带来的巨变随处可见。"以前村里公路、自来水都不通，蔬菜得背上两个多小时到镇上去卖，还卖不上价。"南江县东榆镇槐树村村民曾正平说，2011 年连片扶贫实施后，公路通了，蔬菜卖到了县城，他家 6 个蔬菜大棚 2013 年纯收入 3 万多元。

扶贫开发从"大水漫灌"到"精准滴灌"，有效解决"扶谁""谁扶"和"怎么扶"三大问题

连片扶贫改善了生产和发展环境，脱贫致富关键还要进村入户，精准实施。

通江县诺水河镇梓潼庙村村民朱学军已记不清，为了帮助他发展银耳产业，驻村干部和村里银耳种植公司的技术员到他家来了多少次，手把手教他如何选种、如何适时调节银耳棚湿度……

"我们因户施策，为每户贫困户找到适合的脱贫发展路子。"市扶贫和移民工作局局长王伟介绍，近年来巴中坚持在片区扶贫开发中突出精准扶贫，确保减贫取得实效。

精准扶贫首先得把真正的贫困户识别出来。2014 年，通江县全面启动这项工作，通过农户申请、村民评议、逐级审核、张榜公示等程序，力保扶贫对象识别准确有效，并对 13.6 万贫困人口建档立卡精准管理。

贫困人口识别出来后被划分为四种类型：生产生活条件恶劣型、生产生活条件落后型、技能缺乏型、产业滞后型，然后根据贫困类型针对性帮扶。

朱学军就是这样被识别出来，划分为产业滞后型贫困，并得到了有效帮扶。"有技术人员的帮助和稳定的销售渠道，顺利的话，2014 年银耳收入 6 万元没问题。"朱学军信心满满地说。

巴中市农工委主任叶明生介绍，通过精准识别扶贫对象，科学划分贫困类型，选派驻村干部针对性帮扶，铺设了精准扶贫的"管道"，有效解决"扶谁""谁扶"和"怎么扶"三大问题，扶贫开发实现了由"大水漫灌"到"精准滴灌"的质变。

确保贫困户优先进园区、优先接受培训，每年选择 20 个最贫困的村和 1000 户最贫困的家庭集中扶持。

精准扶贫，最终要让真正的贫困户脱贫。贫困人口底子薄，发展能力弱。为让他们顺利脱贫，巴中除了让他们享受片区扶贫建设带来的普惠外，还专门实行差异化扶持。

贫困户普惠和特惠政策双重受益，在巴山新居建设过程中得到了充分的体现

2010 年年底，巴中全市有 30.89 万户农村土坯（茅草、危旧）房、5.6 万户灾害危险区和边远高寒山区的农房急需搬迁改造。巴中分类推进"巴山新居"工程，改善贫困群众的居住条件。为把好事办好，该市把难以在原地脱贫和公共服务设施难配套的贫困户作为重点扶持对象，充分尊重农民意愿，提供多种选择。

对愿意入住巴山新居的贫困户，根据贫困程度在每户补助 2 万元的基础上再增加 3000 ~ 10000 元补助，同时帮助协调银行贷款，由村社调剂部分土地，异地搬迁扶贫；对不愿意搬迁的危旧房贫困户，对其住房进行维修改造；对无力买房但确需迁建的特困户，建设农村廉租房，解决他们的住房难题。

南江县黑潭乡南鹰村 57 岁的特困户张培力就住进了村里的廉租房。两层砖混结构，除了面积小了点，其他和村里蒲家坪聚居点的普通农家楼没啥区别。

"我是前年腊月二十搬进来的，真心感谢党的好政策！"之前，张培力住在大山深处的土坯房里，一遇上雨天，屋外下大雨，屋里下小雨，房梁断了好几次。2012 年 7 月，南鹰村规划建设"巴山新居"聚居点时，为村里 5 户特困户修建了廉租房。

"现在住得巴适（方言，舒服的意思），每个月只需交 60 元房租。"特困户谭元德不仅住进了廉租房，还建起了两亩茶园，投产后增收 8000 元以上。村支书谭顶一说，2013 年产业扶贫项目为谭元德提供了茶树苗，并由村里的茶叶生产合作社为他提供技术指导。

"我们让贫困户优先进入产业园区、优先加入合作社、优先接受技能培训，对特困户提供资金物资支持和公益性岗位，确保扶真贫。从2014年起，全市每年选择20个最贫困的村和1000户最贫困的家庭集中扶持。"王伟说。

全域扶贫，连片开发，精准实施，巴中新一轮扶贫攻坚开局良好。

告别巴中赶赴机场，全程高速，巴中的全域脱贫也行驶在高速路上。

（《人民日报》2014年9月14日第11版，版名《新农村》，作者：顾仲阳）

作者感言

巴中的贫困全国有名，即便是眼下，巴中的有些发展条件依旧让人挠头。由于工作关系，近几年几乎每年都会去巴中采访，笔者能非常直观地感受到巴中在一天天好起来，贫困群众的日子也在一天天好起来，这很大程度上是因为，这些年来巴中真的把精准扶贫作为头等大事，抓好抓实，照这个势头，巴中应该不会拖全国全面小康的后腿。

关键要把群众发动起来

——广西柳州市贫困村精准识别贫困户

贫困户建档立卡是精准扶贫的基础工程。这项工作在基层开展得怎么样?

广西柳州市三江侗族自治县八步乡塘水村,位于大山深处,是个侗族、苗族聚居的贫困村。全村 2638 人,这次有 935 个贫困人口建档立卡。通过多年的扶贫开发,村里的路、电、水问题已基本解决,村民们已不再为温饱发愁。

村支书莫仁富,40 来岁,非常敦实。聊起建档立卡工作,他开门见山:"不好做,也好做!"然后,扯着大嗓门娓娓道来。

不好做,是因为现在信息灵通,很多村民都知道当贫困户有好处,想抢戴贫困帽的都不少。"这倒还不难,难办的反而是一些真正的贫困户,他们抱无所谓态度,说前些年也搞过建档立卡,到头来还不是'撒胡椒面'。"莫支书边说边叹气:"对他们,还得动员呢!其实,我也清楚,群众最重实惠,你现在不找贫困户,到时候扶贫好处来了他得不着,他就会来找你麻烦,那时我这个村支书就不好当啰!"

"建档立卡其实也好做",莫仁富说,村里人相互知根知底,谁富谁穷大多清楚,关键是村干部要把一碗水端平,这样群众才会服。

"光靠村干部还不行,关键还得把群众发动起来!"莫仁富说:"要让村民知晓、参与、监督。我们把《致全县农户的一封信》送到各家各户，政策写得明明白白，看不懂的就读给他们听，在外打工的就电话通知。"

村民们说，为了评贫困户，村里开了好几次会，大家白天下地干活，晚上聚到村头鼓楼，乡里派干部来讲政策，指导村民搞评议，几上几下搞了好些天。"要说群众个个没意见，我不敢保证，但我们严格按程序办事，该公示的公示、该公告的公告，给群众送信、组织大家开会，签收签到，签字画押，群众认可，将来也经得起检验。"莫仁富说。

识别出贫困户，只是第一步。要脱贫致富，关键看后面的帮扶成效。村民们你一言我一语道出了心中的期盼：村里的农田水利等基础设施还比较差，发展产业缺少"领头雁"和启动资金，希望得到更多的项目资金扶持。"我们村干部一定和扶贫工作队一起带着大家好好干，把茶叶、油茶等产业发展好，再搞点农家乐，大家一起努力，争取不出几年都把贫困帽摘了……"莫仁富信心满满。

（原文发表于《人民日报》2014年10月19日第10版，版名《新农村周刊》，作者：顾仲阳）

作者感言

把贫困户一个个精准地找出来建档立卡，这不是一项简单的工作。农户收入基本上都是本糊涂账，不少家庭条件相差不大，搞清楚谁是贫困户谁不是，符合实际又让大家心服口服，着实不易。千难万难，发动群众就不难。本文通过讲述一个贫困村精准识别贫困户的故事，很好地说明了这个道理。

建档立卡是这个道理，其他精准扶贫工作又何尝不是呢？一件工作要求做到精准就很不容易，在全国发展条件最差的贫困地区帮扶发展能力最弱的群体，精准扶贫绝对是一项有挑战性的工作。把群众真正发动起来，依靠群众，就能做到精准扶贫，精准脱贫就能经得起检验。

把水浇到最旱的"庄稼"上

——来自贵州县乡精准扶贫的报告

进入贵州省黔东南苗族侗族自治州丹寨县城，"决战贫困，同步小康"的标语，醒目地映入眼帘，提醒人们：2020 年全面建成小康社会，农村贫困人口要确保如期脱贫。

从上到下，这个目标已很明确。如何实现？思路也已清晰。习近平总书记明确指出，扶贫开发工作要在精准扶贫、精准脱贫上下更大功夫。

一分部署，九分落实。精准扶贫，如何落地生根？记者走进贵州省的贫困山乡，近距离探访。

把贫困群众牢记在心，访真贫调政策，带着感情"促精准"

黔南布依族苗族自治州荔波县瑶山乡菇类村董盟寨，村民谢龙妹家，砖木结构房破旧不堪，外面下大雨，屋里下小雨，床上还躺着生病的儿子。平时全家靠承租 5 亩田糊口，一年下来卖猪仔和土鸡挣个 5000 来块钱，基本上是一家人所有的收入……

这样的贫困人口，目前贵州还有 600 多万。他们不脱贫，何来全面小康？

形势逼人。贵州把扶贫开发作为一号民生工程，通过实施结对帮扶、产业扶持等"六个到村到户"，发力精准扶贫。

2015 年 6 月开始，贵州又组织全省领导干部遍访贫困村贫困户。带着感情，走进贫困，精准掌握贫困状况，精准落实帮扶措施，精准建强基层组织……

走进贫困，切实把贫困群众记在心上。荔波县委书记尹德俊说，通过遍访，和贫困群众坐在一条板凳上，更深入地了解了他们的生存

顾仲阳在贵州省丹寨县贫困户家采访

现状和真实诉求，更清醒地认识到，扶贫开发任务依然艰巨繁重。

走进贫困，切实把扶贫工作抓紧抓好。正如尹德俊所说："通过遍访，重新审视、调整现在的扶贫政策，提高精准度。这样工作虽然麻烦一点，但减贫效果会更好。"

丹寨县 2014 年本已完成了贫困户识别工作。县领导遍访贫困村贫困户时，核实发现扶贫对象识别还不够精准。于是，县里再次制定"九不列、三不评、六优先"的标准微调，长期举家外出务工 3 年以上、有稳定收入来源的不评；因病、因灾使家庭发生重大变故返贫的优先……通过"回头看""挤水分"，精准扶贫、精准脱贫的基础夯得更实。

汇集"扶贫之水"，浇灌最旱"庄稼"，搬迁扶贫挪穷窝

精准扶贫，就要把"扶贫之水"浇到最旱的"庄稼"上。

荔波县瑶山瑶族乡是贵州最贫困的"两山"（瑶山和麻山）地区之一。各级各部门大规模扶贫开展了近 30 年，有人戏言，光是资金、物品都能够在瑶山上铺一层了，但这里贫困依旧。乡长何正光说，全乡 2670 户，贫困户高达 1440 户。

原因说简单也简单：这里大部分群众散居在深石山区中，人均不到 5 分薄田，一方水土养不富一方人。

对症下药，出路在于挪"穷窝"。为让贫困户搬得出，荔波通过改革，

汇集更多"扶贫之水"精准滴灌——移民户仍可保留宅基地、山林和土地经营权；全县试行统一户籍，移民户继续享受已有惠农政策，并与当地居民享受同等待遇；农信社开展扶贫生态移民信用贷款，缓解搬迁资金不足……

挪出"穷窝"，只是第一步，关键还要能致富。为此，荔波一开始就以重点集镇和旅游服务点为搬迁安置点，让移民户在融入当地城镇化和生态旅游等主导产业中，更好实现脱贫。

瑶山瑶族乡拉片村"千户瑶寨"移民新村，第四期生态移民搬迁工程正在紧锣密鼓地建设。建成后，这里将成为一个瑶族风情小镇。

前三期已搬下来的移民户中，现有近百户发展农家乐和农家旅馆，还有200多名群众从事旅游服务。从菇类村板告组搬迁来的何利明，参加了厨师培训，开起了农家乐，妻子加入了民俗表演队。"原来一年只能积存千把元，现在有三四万元。不搬下来，现在的生活这辈子想都不敢想。"何利明说。

资金项目下放到县，市场导向强力带动，产业扶贫创富业

斩断穷根，关键还得靠产业扶贫。

以前产业扶贫，项目上面定，不少脱离基层实际和贫困户意愿，市场导向不足，减贫成效自然打折。实施精准扶贫后，项目下放到县，更符合实际。丹寨县县长徐刘蔚说，除此之外，县里的产业扶贫更强调按市场经济规律办事，紧紧依靠龙头企业、合作社和大户能人的带动，完善他们与贫困农户的利益联结机制，实现产业发展与增收扶贫同步。

大户能人带动。丹寨县龙泉镇卡拉村就是这样的发展模式。卡拉，苗语意为贫穷。村民们长期靠苞谷苦挨穷日子，但这里有400多年制作鸟笼的历史。在省级非物质遗产继承人、村支书王玉和的带领下，成立鸟笼合作社、鸟笼制作技艺传习所，贫困户加工，大户能人收购销售，全村80%农户打起了特色产业扶贫牌。

龙头企业带动。丹寨县绿海蓝星现代高效农业示范园区里，贵山灵草中药材现代高效农业扶贫产业示范园已入驻。贵州昌昊生物科技有限公司负责人刘方行告诉记者，公司培育中药材种苗，之后移栽到大棚，长到一定程度后移种到承包山由农户种植，成材后公司再保价收购。目前公司已带动 1000 多贫困农户，发展中药材种植 2.98 万亩。

还有更大手笔的"整县带动"。丹寨县扶贫办主任杨文健介绍，2014年丹寨成为万达集团开展"集团帮扶整县脱贫"试点县，目前硒锌米精加工厂、万达职业技术学院等项目都已启动。万达集团计划 5 年投入 10 亿元，重点实施产业扶贫，帮助丹寨实现人均收入翻番。

市场导向，强力带动，产业扶贫渐显效。卡拉村的鸟笼卖到了北上广，70% 的贫困户顺利脱贫。绿海蓝星园区里，11 家已投产的龙头企业，正带动周边 6 个乡镇 1 万多农户稳定增收。徐刘蔚说，更可喜的是，在扶贫产业的强力带动下，丹寨县很多贫困群众"等靠要"思想逐步转变，主动发展、勤劳致富渐成风气。

派驻工作队，落实帮扶人，加强基层组织，精准扶贫铺"管道"

精准扶贫，精准实施是关键。

在贵州，每个贫困村都有驻村工作队，每个贫困户都有帮扶责任人，他们联手村级组织，共同铺设起了精准扶贫的"管道"。

基层党组织充当起带领群众脱贫的战斗堡垒。扬武镇洋浪村是丹寨县一个普通的小山村。做过生意、头脑活络的村支书杨雄，因地施策，成立合作社，带领村民种植高山蔬菜，订单销售到了县城和省城，一年每亩收入近万元。

二组村民吴达银是杨雄结对帮扶的贫困户。2014 年老吴试种了 3 分田的生姜，收入 3000 元。尝到甜头后，2015 年他扩种了 2 亩，还流转了 2 亩地，准备跟着杨雄大干一场。

合作社带动，结对帮扶，高山蔬菜成了洋浪村的扶贫主导产业。杨雄信心满满，下一步准备试种新品种，扩大规模，带领全村 83 户贫困户，尽快"脱贫摘帽"。

贵州省黔南布依族苗族自治州荔波县瑶山乡菇类村董盟寨，
村民谢龙妹家。砖木结构房破旧不堪

做强基层组织的同时，工作队、干部全脱产派驻贫困村，主抓精准扶贫。为做好做实这项工作，贵州各地专门出台管理和考核办法。

黔东南苗族侗族自治州交警队的刘洪贵，现在还有一个新身份——卡拉村驻村工作队队长。深知自己之前没干过基层工作这一不足，老刘天天待在村里，挨家挨户走访，和村民打成一片。

摸清了情况，老刘的扶贫思路渐渐清晰。他带领驻村工作队，携手村级组织，做大做强鸟笼制作和农家乐两大扶贫特色产业。下一步，他还准备利用村集体闲置的房子、牛圈，发展农家乐、养牛等产业，带领贫困户增收的同时，给村集体增加收入。"接下来，甩开膀子好好干吧！"57岁的老刘，干劲不输年轻人。

离开贵州，荔波独特的石上森林仍在脑海。当地干部介绍，虽然石头缝里土层贫瘠，但这里的树照样顽强生长，最终绿满群山。一方水土养一方人，这里的人民，也像这里的树一样，坚强而有斗志。把扶贫开发牢牢装在心上，紧紧抓在手上，艰苦奋斗，让精准扶贫落地生根，贵州定能和全国人民一道，共奔全面小康。

（原文发表于《人民日报》2015年7月14日第9版，版名《要闻》，作者：顾仲阳、张炜）

作者感言

这是2015年的一篇报道。一年中最热的时候到贵州采访扶贫，作为贫困人口最多的省份，贵州各级干部把贫困群众牢牢装在心上，把精准扶贫工作紧紧抓在手上，各项扶贫工作搞得如火如荼。本文较好展现了贵州如何热火朝天地攻克贫困。读后让人坚信，贵州虽然眼下全国最穷，但如期摆脱贫困指日可待。

搬出去，还得能致富

——来自贵州省荔波县搬迁扶贫的调查

为何愿意搬？

搬出去还有退路，改革创新让农民后顾无忧。

黔南布依族苗族自治州荔波县是贵州第一个世界自然遗产地，这里的"石上森林"蔚为奇观。森林为何长在石头缝里？喀斯特地貌，石山遍境，耕地稀少。这也苦了当地农民群众，特别是生活在瑶山和麻山地区的群众，论贫困程度，在整个贵州省，都排得上号。

一方水土难养活一方人，搬迁扶贫是较好的选择。这里的扶贫搬迁开展得怎样？记者进行了深入调查。

一栋栋布衣风格小楼规划整齐，柏油马路串联其间。文化长廊、浮雕栏杆、临溪杨柳，透着丝丝古典园林的风情。黎明关水族乡翁昂集镇安置点，是荔波扶贫生态移民工程的先行区和试验田。"一期入住 230 户了，二期还在建 226 户，搬迁对象都是翁昂附近散居在深山石山中的极贫户。"镇党委书记韦忠泽告诉记者。

搬迁扶贫并不是件容易的事。"能搬出去当然好，但往哪儿搬？承包地、宅基地怎么办？钱不够咋办？搬了不好还能回来吗？"……搬迁前，拉内村洞杂组村民何羡标的一连串担忧，也真实道出了搬迁扶贫必须处理好的一系列难题。

立足于解决好这些问题，荔波进行了一系列改革创新。土地政策上，移民户仍可保留原有宅基地，山林、承包地的经营权也保持不变；户籍制度上，全县试行统一户籍，移民户原有惠农政策待遇持续有效，医疗、教育、社保等与迁入地居民同等待遇；金融政策上，探索土地承包经营权、住房产权"两权抵押"，县农信联社开展扶贫生态移民信用贷款，缓解移民户资金短缺问题……

村民吃下了定心丸：说白了，万一搬出去过得不好，还有退路。政策措施提底气，拉内村洞杂组12户人家齐刷刷地搬了下来，成为翁昂集镇安置点第一批迁入者。

如何搬得出？

群众主动、部门联动、市场拉动，解决搬迁资金难题。

要让群众搬得出，钱是最关键的问题。有条件、有能力的群众，自己早就搬了，剩下的都是单靠自己挪不动窝的。

"我们做过摸底调查，每户目标移民户的自筹能力也就两三万元，荔波又是国家扶贫开发工作重点县，财力拮据。很显然，扶贫生态移民全压在农民或政府身上，这是不现实的，只有各方面都力所能及地分担一点，才搞得下去。"荔波县委副书记、县长叶霖说。

何羡标的新居就在翁昂集镇的文化长廊边。修这栋新居，老何共花了13万元，政府每个人补助1.2万元，全家5口人共6万元；两个孩子在外打工积存了3万元，剩下的缺口向亲戚朋友和农信社借了些。

何羡标家的情况，正是荔波通过"群众主动、部门联动、市场拉动"解决搬迁资金难题的一个实例。

群众主动，就是群众自愿，政府不搞大包大揽，赶鸭子上架。让群众成为搬迁主体，激发他们挪穷窝、快致富的内生动力。

部门联动，就是各部门按照"渠道不变、用途不变、集中使用、形成合力"的原则，整合资金。"我们把保障房建设、移民房建设和农村危房改造补助资金整合在一起，大大减轻了农民负担。"韦忠泽说。

市场拉动，就是通过设立融资平台，通过BT（Build Transfer）等模式，吸纳民间资本参与建设。市场在"搬得出"问题上正在发挥重要作用。

"这些方式配合使用，大大缓解了建设资金压力，而且所产生的效益，都回馈到了移民安置点和搬迁户身上，因此，荔波的扶贫移民搬迁工作整体进展比较顺利。"叶霖说。

怎样能致富？

布局重点集镇和旅游服务点，交通和产业是让人最恼火的事。

贫困户搬得出，是第一步，关键还在能致富。为此，荔波县一开始就选定重点集镇和旅游服务点为贫困户搬迁安置点，这样做，一来配套条件相对完善，二来后续生计问题解决起来更容易。

瑶山瑶族乡拉片村"千户瑶寨"移民安置点是一个已具雏形的瑶族风情小镇。借助离小七孔景区只有几千米的有利条件，这里的旅游也搞得风生水起。

瑶山瑶族乡乡长何正光介绍，移民户中，目前有近百户发展农家乐，有200多名群众从事民族文化表演等旅游服务工作，还有120余户搞起了瑶山鸡和瑶山黑猪养殖，他们都顺利实现了脱贫。

翁昂安置点虽然离小七孔景区和茂兰生态保护区都不远，可是高等级公路还没有修通，交通还是很不方便。因而，无论游客还是移民户，人气都不怎么旺。

陈俊是翁昂安置点农家乐"五福人家"的老板。在浙江打过工的他，在农村算是个不折不扣的能人。他坦言，由于交通不便，来的游客不多，农家乐的生意非常艰难，全家生活主要靠开在镇上的早餐店来维持。更多的移民户选择了外出打工，尽快还清盖房欠下的债。一期移民点里，大白天好多房门紧闭。

在韦忠泽看来，尽快修通通景公路，加快培育板蓝根、蜡染等特色产业，是让移民户尽快致富最急迫的两项工作。"但这两件（让人）恼火的事，解决起来都需要一个过程，急不得。"韦忠泽说。

（原文发表于《人民日报》2015年8月2日第11版，版名《新农村》，作者：顾仲阳）

作者感言

这是2015年的一篇深度报道。荔波是贵州深度贫困地区，那里漫山遍野都是石头，不少地方都是一方水土养不活一方人，只形成了独特的石头森林景观，石头缝里土层贫瘠，树见缝插针，照样顽强生长，绿满石头山。

采访时，国家还没出台大力度的易地扶贫搬迁扶持政策，地方政府工作压力很大。让贫困群众愿意搬出去、搬得出去就已经很不容易，搬出去后稳得住、能致富更难。但对荔波不少贫困地区而言，要脱贫致富，搬出去是唯一的出路。当地不等不靠，迎难而上，实施易地扶贫搬迁。这种精气神，就像石头山上的树一样，坚强而有斗志。这种精气神，也是其他贫困地区打赢脱贫攻坚战非常需要的。

精准脱贫，引擎咋造

——来自江西贫困县的调研

动力从哪来？

贫困群众的内生力，扶贫政策的牵引力，外部帮扶的推动力，1+1+1 ＞ 3。

南方的冬雨寒意逼人。雨天下不了地，赣州市于都县贡江镇红峰村农民钟观福难得清闲。吃过早饭，他来到村部。村里的青翠园蔬菜专业合作社社员已有好几个聚在这里。

62 岁的老钟是村里的贫困户，夫妻俩患有慢性病，家里 3 个女儿在上学，典型的因病、因学致贫。

人穷志不短。钟观福利用自家的 1 亩多地，在村里率先种起蔬菜。2013 年，村里成立合作社发展高山蔬菜。老钟入社后又租了 4 亩地，2014 年纯收入 4 万多元。

自己的家业自己创。村支书刘良华说，全村有劳动能力的 50 多户贫困户，全部参与到脱贫产业中来。"光蔬菜，2014 年全村就种了 210 亩，今年超过 300 亩。到 2020 年全村脱贫没问题。"

"贫困群众从扶贫好政策中得到了实惠，自然愿意干；种蔬菜和脐橙，村民有基础，也会干。"刘良华说，这两年各级政府对村里的扶贫开发扶持力度空前，村道硬化了，10 千米果园道路修通了，光伏发电扶贫项目整村推进……看着村里的变化，贫困户心劲更足了。

"实现全部农村贫困人口如期脱贫，政府要充分发挥主导作用，让精准扶贫战略更好落地。"江西省扶贫与移民办公室主任章康华介绍，该省已构建五级联动的政府主导扶贫格局：

——省级打造"2+23"政策体系，"集团军"合力攻坚。省里出台《精准扶贫攻坚决定》和《贫困县考核办法》两个文件，23 个省直部门出台精准扶贫工作方案。

——市县打造"1+7"工作格局，"特种兵"式协同推进。市县都组建扶贫攻坚领导小组，下设产业扶贫、智力扶贫、保障扶贫等 7 个工作组。

——镇村采取"6 个 1"工作措施，"狙击手"式精准扶贫。每个贫困村一个部门定点帮，"第一书记"带领工作队驻村扶，脱贫方案量身定，每户贫困户落实一名责任人……

"五级联动，让项目从下达到落地，资金从投放到使用全部贯通，能够有效增强脱贫政策的牵引力。"省扶贫与移民办公室副主任胡跃明说。

政府主导，群众为主体，社会帮扶也在发力。

自 2015 年年初从山上搬进移民安置小区的新房里，于都县罗坳镇大桥村农民陈佛生开始了新生活。他说："真是做梦也想不到能住上这么齐整的房子，屋顶还装了光伏发电系统。"

于都县委常委叶富安告诉记者，陈佛生现在的好生活，跟社会力量帮扶密不可分。农发行对移民搬迁工程实行特惠政策，贷款利率较基准利率下浮20%。光伏发电系统每瓦装机成本价格7.6元，安装企业捐助了1元。

贫困群众的内生力，脱贫政策的牵引力，社会帮扶的推动力，1+1+1 ＞ 3。江西省 2015 年有望实现贫困人员减少超过 70 万人的目标。

动力如何可持续？

改革考核办法提干劲，系统谋划产业强根基，创新综合施策拔"穷根"。

3400 个贫困村、119 万贫困户、346 万贫困人口，是江西省的贫困现实。

打赢脱贫攻坚战，建章立制是强力引擎。

改革完善考核办法，激励和约束共用，提振脱贫摘帽干劲。

过去，由于"贫困帽"政策含金量高，扶贫工作不显政绩等原因，一些地方脱贫摘帽动力不强，年年扶贫年年贫。

如何把贫困县的工作重点引导到脱贫攻坚上来？2015年9月，江西省改革贫困县考核办法，300分总分中扶贫开发占180分。25个贫困县单独排名，连续两年排前5位，党政主要负责人可优先提拔和重用；连续两年排名后3位且考评计分未达80分的，党政正职被省领导约谈，约谈后若还整改落实不力，则按干部管理权限进行组织调整。

考核指挥棒一变，压力大了，动力也强了。遂川县委书记张平亮坦言，如今自己投入到和扶贫直接相关工作上的时间，已占到总工作量的1/3。

有一个持续产生效益的产业，贫困群众才有了稳定脱贫的指望，脱贫的动力也才能更强劲。

但是，发展产业风险大，贫困群众发展能力弱、风险承受力差，实施产业扶贫必须抓住关键、系统谋划。

章康华介绍，江西推行"四位一体"产业扶贫新模式：选择一个优势高效主导产业，组织一个支撑有力的合作组织，设立一个能放大贷款的风险补偿金，创建一个部门帮扶机制，以提高扶贫产业的专业化和组织化程度，破解资金、销售等瓶颈。

遂川县的狗牯脑茶颇有名气。汤湖镇的安村茶厂牵头成立了遂川县汤湖新茗茶叶专业合作社。"有合作社技术指导，统一销售，种茶没那么难了。"高塘村贫困户梁华中种了4亩茶，已有2亩进入采摘期，加上合作社分红，2015年茶叶收入1万元。

合作社理事长梁奇锂说，这两年合作社已帮助20多户贫困户脱贫，最近又有50多户贫困户申请入社。县扶贫办主任郭小华说，2016年合作社贫困户占比超过30%，就能获得15万元的产业扶贫风险基金，凭这能从银行获得最高120万元的贷款。"资金不再卡脖子，合作社发展不再受限，我们有信心带动更多贫困户脱贫。"梁奇锂说。

压力如何变动力？

等靠要思想和短视思维亟须改变，贫困县退出机制需尽快出台。

脱贫动力要强劲持久，也面临不少压力与问题。

贫困群众的思想往往保守，温饱不愁后，他们更容易安于现状。

记者在采访中发现，一些贫困村的脱贫工作，主要还是驻村工作队、帮扶干部在后面推着干。"脱贫不能靠政府把群众拖出贫困，更多要靠群众自己干起来。"于都县委书记蓝捷说。

如何改变干部干、群众看？张平亮说，扶贫好政策要让贫困群众真正得实惠，并且让有积极性的先得，这样贫困群众才会跳出来想干。赣州市扶贫和移民办公室主任黄建平认为，要让一些贫困户率先脱贫，用身边的例子触动贫困群众，调动他们的能动性。

短视思维也要转变。胡跃明说，对于贫困家庭初中和高中毕业后未继续升学的学生，雨露计划有项目支持他们接受职业教育，减免学费并补助生活费，但江西的报名情况并不理想。"不少贫困家庭觉得继续读书不如早点挣钱实惠，他们意识不到教育培训是'斩穷根'的关键之举。"他介绍，为了改变贫困群众的观念，他们给符合条件的贫困家庭发信，算细账讲道理，动员他们送孩子接受教育后再实现高端高薪就业。

打造持续强劲的脱贫动力，还要完善体制机制。

贫困县退出机制应尽快出台。中央已明确2020年贫困县要全部退出。采访中发现，在一些贫困县，"摘帽"压力不够，导致脱贫动力不足，从而影响减贫进程与质量。采访中，多数贫困县领导表示不会提前摘。"贫困县一年转移支付就有10亿多元，没有这钱，县里连公职人员的工资都发不出。"一位县委书记坦言，如果没有后续足够实惠的政策，该县会等到2020年才摘帽。

国务院扶贫办副主任洪天云说："重点县不能都等到2020年一起摘帽，要鼓励有条件的先退，退出后到2020年的扶持政策保持不变。2020年以后，中央还会考虑研究新的扶持政策。"他介绍，目前扶贫办正加紧制定退出方法。

五指握成拳，力道才更强。扶贫资源整合机制需要完善。采访中，基层对整合扶贫资源的呼声很高，但整合机制尚待完善。

于都县是江西省两个涉农资金整合工作试点县之一。县财政局局长管宏介绍，目前可整合资金仅限于省、市、县级，数量不多。中央项目资金仍须按照"渠道不乱、用途不变"的原则统筹使用，没有实质上的松绑。"目前这种自下而上的整合，更多还处于实施地点空间上、物理性整合的初级阶段，暂无本质性的化学反应发生，效果有限。"

（原文发表于《人民日报》2015年11月29日第2版，版名《要闻》，作者：顾仲阳、朱隽、吴齐强、常钦）

作者感言

这是2015年写的一篇关于脱贫动力的深度报道，"见事早，反应快"。随着脱贫攻坚战的深入推进，贫困群众内生动力不足问题日益受到重视。即使现在回头来看，这篇报道的很多观点还是立得住脚，对实际工作也仍有很强的现实指导意义。

脱贫启动资金从哪来

—— 四川通江县一个贫困村的金融扶贫调查

产业脱贫离不开资金支持，瓶颈如何破解？记者走进位于秦巴山区的四川通江县火炬镇苟家坝村进行调查。

小额贷款免抵押、免担保，贫困户顺利创业脱贫

这段时间，刘清平越来越忙了。一早起床后，不是给养鸡场除粪、消毒，就是到大棚里收割蔬菜。因为忙，很多时候他都是早饭午饭一顿吃。

从贫困户成为种养大户，这半年来，刘清平在苟家坝村出尽了风头。

早在 2014 年 11 月，刘清平就想用学到的养殖技术发展产业。启动资金成了拦路虎。家徒四壁，又欠了一屁股债，踏破亲朋门槛，也没有哪个愿意借。无奈之下，刘清平不得不向火炬镇信用社求助。

"没抵押还想贷款？"信贷员的这句话，深深刺痛了刘清平。倔强的他先后跑了四次信用社，都吃了闭门羹，因为和绝大多数贫困农户一样，他既没有什么财产可抵押，也找不到人担保。

转机出现在 2015 年 3 月。针对农村贫困户贷款难，通江县探索推出免抵押、免担保、财政贴息的"扶贫小额贷"，并在苟家坝村试点。

刘清平顺利获得了 5 万元贷款，他把村里 80 余亩撂荒的集体土地承包过来，养了 4000 只土鸡，还种了 5 亩大棚蔬菜，2016 年年底他顺利脱贫。

现在的刘清平充满了干劲，修通了下山土路，准备扩大养殖规模，

四川省通江县苟家坝村贫困户王炳昌把自家种的青饲料背到集中养殖场喂养黄牛抵减饲养成本

下一步还考虑牵头成立合作社，带动更多贫困户养鸡。

和刘清平一样，目前苟家坝村已有 52 户贫困户获得 208.5 万元"扶贫小额贷"，发展起了产业。

"通江人民勤劳质朴，很多贫困户脱贫就卡在了启动资金上，扶贫小额贷为他们提供了'脱贫种子'，他们就能通过发展产业改善生活甚至改变命运。"通江县委书记赵万先深有感慨地说。

评级授信，风险基金托底，银行放贷有"安全阀"

脱贫致富，产业扶贫是根本之计。长期以来，产业扶贫难在金融瓶颈。没有启动资金，产业脱贫只能是美好愿望。

现如今，在苟家坝村，为什么贫困户免抵押、免担保，就能顺利贷到款？金融机构放贷的底气来自哪里？

苟家坝村 541 户 1892 人，全村建档立卡贫困户 101 户，是重点贫困村。

2015 年，巴中市委书记李刚先后 3 次到该村调研，他指出，一定要打通金融扶贫瓶颈，破解产业扶贫"钱从哪里来"的问题。

随后，通江县在苟家坝村试点探索"5+1"金融扶贫机制，"5"即银行信贷、部门帮扶、财政贴息、保险和企业（合作组织）带动，"1"即贫困户。

为确保扶贫贷款收得回，苟家坝村建立了村规民约、评级授信和风险保障等多道"安全阀"。

苟家坝村的《村规民约》明确：凡有扶贫小额贷款的农户，只准发展产业，不准挪作他用。所有贷款都必须按时结清贷款本息，如果失信，取消该户享受的村内优惠和福利。

为降低放贷风险，通江对全县 28881 户建档立卡贫困户进行了评级授信。乡镇扶贫办、包村干部、信用社、贫困村第一书记、村委成员及群众代表联合组成评级授信小组，对贫困户的信用等级进行民主评议。评级指标体系中，诚信度占 50 分，家庭劳动力和劳动技能各占 20 分，2015

年度人均纯收入占 10 分。得 50～60 分的贫困户评级授信为一星，授信限额为 1 万元；在此基础上，得分每增加 10 分，授信等级增加一个星级、额度增加 1 万元。

发展当地特色的空山黄牛养殖，是苟家坝村一个重要脱贫产业。中华联合保险公司为农信社支持贫困户养殖黄牛又加了一条"保险杠"。养牛户交 300 元保险费，当黄牛出现疾病死亡、意外事故、自然灾害、食物中毒中任一情况时，可获得保险公司 5000 元 / 头的赔偿。

风险基金为农信社放贷筑起了又一道牢固的"防线"。结对帮扶苟家坝村的通江县信访局，从办公经费中挤出 10 万元存入信用社，作为村级风险发展基金，撬动信用社放大至少 10 倍贷款给贫困户发展产业。赵万先介绍，到 2015 年年底，全县已有 69 个帮扶部门筹集 500 多万元村级风险发展基金，县财政还出资 1500 万元设立了小额贷款风险基金。

当贷款人受到不可抗力和重特大疾病等因素的影响，致使贷款无法按期收回本息，采取村规民约、依法诉讼、保险理赔、县级扶贫小额信贷风险基金补偿等措施后，银行仍有资金损失时，还可启动村级风险发展基金。

"以前我们是不敢贷、不愿贷，现在有了这么多道'风险防护墙'，我们是主动贷，普遍贷。"通江县信用合作联社党委书记、理事长吴军说。

龙头带动、股权分红，贫困农户有底气敢贷款

扶贫小额贷款要更好发挥作用，除了金融机构愿意放，还要贫困户愿意贷。为此，通江县采取了一系列措施。

方便贫困户贷款。通江县信用联社开辟了扶贫小额信贷绿色通道，在全县 524 个村都设立了金融服务便民点，让贫困户在家门口就可以办理贷款。

降低贷款利率。通江县信用联社的扶贫小额贷款实际执行利率仅为商业贷款利率的 50% 左右。同时，扶贫局统筹专项扶贫资金、县财政局

筹措县级财政资金，按照年利率 5% 予以贴息。

"现在，5 星农户 1 年期贷款执行利率为 4.785%，实际上农户不需自己掏利息就能使用贷款。"火炬镇党委书记张劲松说。

村民李会莲这次贷了 2 万元，买了 2 头牛、4 头猪和 100 只鸡。"现在贷款门槛低，利息基本不用掏，我们贫困户就敢贷了。"

贫困农户敢贷款的另外一个重要原因，是通江县在产业扶贫中把企业和农户"绑在一条船上"，农户收益有保障。

四川犁夫生态牧业有限公司是苟家坝村引进的龙头企业，董事长赵阳初介绍，企业目前与村里 23 户贫困户签订了肉牛养殖及保底价收购协议，农户向公司出售一头 400 公斤以上的育肥黄牛，仅从公司获得的奖励就达 1000 多元：300 元现金销售奖励，同时按 40% 的净肉率每斤奖励 3～5 元。公司还替没有圈舍或者圈舍不能修缮的 35 户贫困户代养了 70 头黄牛。

"2015 年我贷款买了 2 头空山黄牛，送到犁夫牧业公司集中代养。青饲料可以抵减饲养成本，我要拿回去喂牛。"正低头在菜地里忙着捡黄菜叶的贫困户张建富说。

除了养牛收入，贫困户还能作为股东从企业分红。村里把财政支农资金形成的经营性资产 250 万元参股企业，每年至少可获得年利率 8% 的保底分红。村里的股权都一一量化到每个村民。101 户 217 个建档立卡扶贫对象占 30% 的扶贫股；村委会占 30% 的集体股；全村村民占 40% 的一般股。"股权量化、收益扶贫，将加快贫困户特别是无劳动能力贫困户的脱贫步伐。"通江县信访局驻村第一书记丁强说。

"扶贫小额贷有效破除了贫困农户的启动资金瓶颈，产业脱贫的路会越走越宽。"赵万先说。

（原文发表于《人民日报》2016 年 4 月 17 日第 11 版，作者：顾仲阳）

作者感言

　　这是 2016 年的一篇深度报道。发展产业贫困户急需资金，金融机构嫌风险大、成本高，放贷积极性不高，这对矛盾长期困扰产业扶贫。通江县在苟家坝村试点探索"5+1"的金融扶贫机制，通过整合银行信贷、部门帮扶、财政贴息、保险和企业（合作组织）等五方力量，带动贫困户产业脱贫，金融机构放贷无后顾之忧，贫困户敢贷款发展产业，很好地破解了这个矛盾。这样的探索实践，不仅对产业扶贫有很大的促进作用，对缓解金融支农这个长期困扰我国"三农"发展的瓶颈，也有重要的借鉴意义。

产业脱贫有章法

——来自四川省南充市的调查

临近 2016 年年底，四川省南充市仪陇县马鞍镇险岩村的贫困户喜事连连。52 岁的张守祝终于结了婚，受穷打了大半辈子光棍的他，实现了人生一大梦想；张守方的大儿子也娶了媳妇，以前家里穷，5 口人挤在两间破房里，如今他家盖起新房，生活变样了……

这些喜事，缘于村里新建的脱贫奔康产业园，越来越多的贫困群众通过发展产业，脱了贫致了富。

贫困户有劳力的当农场主，没劳力的当股东，稳定脱贫有底气

同样是产业扶贫，这次大不一样。

险岩村第一书记刘晓丹介绍，脱贫奔康产业园采取"龙头企业＋合作社＋家庭农场"的形式，政府当红娘，引进了龙头企业——南充保丰农业有限公司（现已更名为仪陇县众鑫食用菌农业种植合作社），占51% 的股份。村里成立众鑫食用菌种植专业合作社，占产业园49% 的股份。全村 48 户贫困户全部入社，11 户无劳动能力的，每户以 2 万元产业扶贫周转金入股，每年保底分红 4000 元。有劳动能力的贫困户贷款建起了蘑菇大棚。

村支书张寿伯是村里有见识的能人，他说，以前村里也引进过业主搞产业扶贫，种了 1200 亩果树，流转土地的农户每年有地租收入，几个

四川省南充市仪陇县马鞍镇险岩村农户张守方在承包大棚里采摘蘑菇。

贫困户替业主打工，农忙时节村民能打点零工，除此之外，带动作用几乎可以忽略。"这次的脱贫模式，贫困群众都参与进来了，很多人贷款建起了大棚，自己当上家庭农场主。"张寿伯说。

张守方承包的两个蘑菇大棚已经出了6批香菇，近2万袋，纯收入7万元。这对他家来说，绝对是一笔大钱。以前，一家人守着4亩地，靠种水稻、红薯维持生计，经常一锅米饭就一碗咸菜就是一餐饭。"要不是脱贫奔康产业园，真不知啥时才能脱贫？"张守方说。

有劳动能力的贫困户当上了农场主，依托脱贫奔康产业园，没劳动能力的贫困户同样可以稳定脱贫。

仪陇县新政镇安溪潮村贫困农民谭精业，84岁，基本没有劳动能力，如今他是村里蛋鸡养殖园的股东，通过5万元贴息扶贫小额贷款入股，每年有1.5万元的保底分红。

养殖园就在村边，引进了先进的自动化生产线，自动给食、自动除粪、自动检测，这让谭精业大开眼界。新技术让养殖园生产效率高，与一般养殖场相比，料蛋比高出15%左右，这也让合作社分起红来底气足。

贫困户无资金、无技术、无市场，五方联动解产业发展难题

现在看起来不错的产业扶贫模式，一开始大多数贫困户并不敢干。"我都快60岁了，自己种香菇，想都不敢想。"张守方的话道出了很多贫困户共同的想法。产业扶贫必须让贫苦户敢干、能干。

扶贫先扶志。扶贫部门组织贫困群众参观。眼见为实，张守方有了信心："其他地方的贫困户能做到，我们又不缺胳膊少腿，也应该能做到。"

建两个蘑菇大棚，需要15万元启动资金，钱从哪来？每户贫困户贷5万元小额贷款，剩下的10万元怎么办？政府引入保丰农业有限公司担保，贫困户顺利贷到了信用贷款。

产业有风险，贫困户如何抵御？产业园为贫困户安了好几条"保险杠"。技术上，公司技术员常驻园区指导生产，随时手把手教农户，出了 3 批蘑菇后，张守方基本上已经学会了技术。销售上，公司统一收购，价格随行就市，扣除成本后，给农户每袋蘑菇保底利润 3 元，两个大棚一般可年产 3 万袋香菇。此外，贫困户还可以每年从合作社外销菌棒等经营活动中分红。

为降低风险，南部县大堰乡纯阳山村的产业园还引进了保险参与。县金融办副主任魏小洁介绍，产业园引入了保险扶贫机制，除了固定资产、病虫害保险，还引入了价格指数保险，保证每公斤杏鲍菇最低售价不低于 8 元。

王宝中是一个智能菇房的"房主"，他的菇房面积有 500 平方米，一年能产四季双孢菇，1 平方米能产 17 公斤，按照目前的市场价格，能净收入 10 万元左右。

互利共赢才可持续，风险肩上扛，龙头企业的积极性从何而来？南充保丰农业有限公司技术总监罗彬介绍，公司在食用菌保鲜技术研发上取得了突破性进展，网上销售供不应求，急需扩大生产规模。"产业园'三通一平'等基础设施建设由政府投入，生产环节分担给贫困户，快速、低成本，解决了公司扩大生产规模所需的土地、劳动力等问题。"罗彬说，扶贫龙头企业生产经营贷款还能享受贴息优惠。

南充市扶贫移民局局长向贵瑜介绍，脱贫奔康产业园模式，政府引导、农民主体、龙头带动、金融支持、合作社组织，五方联动，有效破解了贫困群众发展脱贫产业面临的一系列现实难题，找到了一条让贫困群众稳定脱贫的较好路子。截至目前，南充 2016 年拟退出的 317 个贫困村，已建起了脱贫奔康产业园 298 个，贫困户户均增收 1.2 万元以上。

发展"四小"到户工程，贫困户投钱少、干得来，脱贫见效快、很实在

通过脱贫奔康产业园，贫困村做大一个产业，"面"上辐射带动，贫困户逐步脱贫致富。另一方面，南充还从"点"上突破，因地制宜实施"四小"到户工程，引导和帮助贫困户发展小养殖、小庭院、小作坊和小买卖，每户有劳动力的贫困户至少有一个脱贫项目。

嘉陵区里坝镇猫儿田村李方容已经 67 岁，除了贷款入股村里脱贫奔康产业园搞肉牛养殖，她 2016 年在院子里还养了 40 只鸡、100 只鸭子，"以前也养过，这活我能干。"在干部帮扶下，李方容还种了 50 棵核桃树，产业扶贫项目实现了长中短结合。

"在家门口搞点小养殖，投钱少、干得来，见效快、很实在。"一大早，南部县碑院镇林坝村村民张定科就来到门前的"养鸡场"给鸡喂食。2015 年他靠养柴鸡实现了脱贫，2016 年进一步扩大了养殖规模。

在实施"四小"到户工程中，南部县探索"统一"运行模式，统一技术培训、统一提供种苗、统一品牌包装、统一平台销售，引导和帮助 1.2 万户贫困户发展水产、林下家禽养殖，帮助 1800 户贫困户发展果蔬种植。

为实现稳定增收脱贫，南部县整合县乡农业技术力量，确保贫困户都能得到技术指导，同时购买农业保险、建立农业风险基金，帮贫困群众解决后顾之忧。

"'四小到户工程'技术要求不高，基本上有劳动力的贫困户都可以发展，短平快，可行又管用。"南充市副市长林建国说，脱贫奔康产业园与"四小到户工程"相结合，全市产业扶贫基本实现了"村有当家产业，户有致富门路"，稳定脱贫的产业基础日益夯实。

（原文发表于《人民日报》2016 年 12 月 25 日第 11 版，作者：顾仲阳）

作者感言

　　这是 2016 年深入南充贫困村的一篇调查报道。南充的产业扶贫很有章法,很有特色。贫困村建脱贫奔康产业园,汇集现代生产要素,政府引导、农民主体、龙头带动、金融支持、合作社五方联动,有效破解了贫困群众发展脱贫产业面临的一系列现实难题。通过脱贫奔康产业园"面"上辐射带动贫困户的同时,南充还从"点"上突破,引导和帮助贫困户发展小养殖、小庭院、小作坊和小买卖,"四小到户工程"很接地气,让每户有劳力的贫困户至少有一个脱贫项目。点面结合,南充全市产业扶贫基本实现了"村有当家产业,户有致富门路",稳定脱贫的产业基础日益夯实。

下足绣花功夫，激发持续动能

——来自深度贫困地区云南省怒江傈僳族自治州的调研

攻克深度贫困堡垒，打赢脱贫攻坚战这场硬仗中的硬仗，离不开广大贫困群众积极主动的参与。注重激发贫困地区和贫困群众脱贫致富的内在活力，注重提高贫困地区和贫困群众自我发展能力，才能提高脱贫质量，实现更稳定更可持续的脱贫。

脱贫攻坚推进至此，当前深度贫困地区的贫困群众精神面貌怎样？存在哪些突出问题？如何更好激发贫困群众的内生发展动力，提高他们的发展能力？本报记者深入目前全国贫困发生率最高的深度贫困地区——云南省怒江傈僳族自治州，与扶贫干部、贫困群众深入交流，梳理问题，探讨对策。

这里"直过"民族人数众多。傈僳族、怒族、白族等少数民族世代居住在此，其中一些少数民族从原始社会、奴隶社会直接过渡到社会主义社会，社会发育程度较低。

这里贫困面广、程度深。建档立卡贫困户还有 4.9 万户 17.9 万人，2017 年贫困发生率达 38.14%，远远高于全国贫困发生率。

这里是云南省怒江傈僳族自治州，全国贫困发生率最高的深度贫困地区之一。

贫困程度有多深？不少村庄尚未通路，危房数量多，村里普遍缺少稳定的增收产业。

作为全国的"穷中之穷"，怒江到底穷在哪？有多穷？

穷在路不通路难通。路之于地区发展，如同血管之于身躯。无高铁、无机场、无高速公路、无水运……怒江州只有一条蜿蜒在崇山峻岭间的省道与外界相连。不仅缺"大动脉"，"毛细血管"也不通畅。628个自然村未通道路，938个自然村的道路未硬化。

碧罗雪山是怒江和澜沧江的分水岭。从澜沧江谷底出发，驱车攀爬，尘土飞扬，让人难以辨别方向。山道狭窄，遇到会车，须停车错位才能继续前行。行至山顶，兰坪白族普米族自治县兔峨乡吾马普村石布子村民小组坐落于此，几乎与世隔绝，目前全村71户213人全部为贫困户。"人难出去，东西运不进来。"村民余二伏说，一袋水泥在镇里卖20元，运到村委会要40多元，肩挑背扛到石布子村民小组就得60多元。

穷在住房不安全。不少村民住在杈杈房、吊脚楼，夏天漏雨、冬天漏风。走进泸水市洛本卓白族乡金满村念昌村民小组村民高三妞的家，两层吊脚楼，一楼养牲畜，二楼住人。屋里左边是灶台，右边是床，正中是火塘，生起火来，烟雾缭绕。一家三代就挤在这间光线昏暗、到处黑乎乎的木屋里。洛本卓乡党委宣传委员麻继成说："大部分村民居住环境差，在木屋里生火，火灾风险大；人畜混居，卫生条件堪忧。"

穷在发展产业没出路。中专毕业的肖自楠是金满村学历最高的村民，他想带领村民闯出一片天地，但苦于找不到合适的产业。和驻村干部合计后，购置了两台家用烘干机做实验，准备搞薯片加工。"不过要把产业做成样子，还差得远，资金、技术、市场都是拦路虎。"肖自楠只好走一步看一步。驻村干部杨威说，当地贫困村普遍没有稳定的增收产业，很多贫困村压根没有集体经济收入。

怒江州委书记纳云德说，恶劣的自然条件限制了发展，加上因病、因学致贫，缺技术、内生动力不足等各种因素相互叠加，怒江州成为深度贫困地区。

区域发展动力如何提升？

补上路、房、水等基础设施短板，精准选择脱贫产业，提升"造血"能力。

如果把脱贫工作比作行驶中的火车，只有区域经济发展的"车头"跑起来，脱贫攻坚才有强劲动力。怒江州"穷根"扎得深，要补的短板多，如何加快区域发展？

道路畅通，满盘皆活，但怒江通路并非易事。

难在生态脆弱。兰坪县位于澜沧江大峡谷中，属干热河谷气候，植被稀少，生态环境一旦遭受破坏，很难恢复，修路之处极易发生山体滑坡。

难在建设成本奇高。怒江州的路是在悬崖峭壁上凿出来的，建设成本高出一般地区一倍以上，对于财政本就困难的怒江州而言是难上加难。又因村寨分散，一条路往往只能解决上百人甚至几十人出行，建设费用平均到每人，高得惊人。

怒江州交通运输局相关负责人介绍，打破交通瓶颈，唯有集中资金和资源，从易处着手。怒江州按照轻重缓急，实施分类突破，推进县乡道路改造、自然村通达、建制村畅通等工程。特别是对贫困地区 50 户以上不搬迁的自然村，统筹各级资金，加快通路。

安居才能乐业，让贫困群众住上安全房，怒江同样面临不少挑战。

危房改造数量多、投入大。怒江州完成 9 万余户农民认定，梳理出 C、D 级农村危房 24687 户，还有无房户 1304 户。

10 万人需要易地搬迁。高黎贡山，山高水急，金满村坐落在云雾缭绕的半山腰上。走进村里，一座座吊脚楼靠几根木柱固定在陡坡上，随着山势排开。2017 年夏天，金满村连下几场大雨，一拨拨的大石块从山上落下。村民和江中说，一到雨天，就提心吊胆。怒江州把"贫困户住上安全房"作为脱贫的重要标志，到 2019 年年底将全面完成农村危房改造。

用非常之策，解非常之难，区域发展的基础正不断夯实。"紧盯最困难的地方，瞄准最困难的群体，集中力量从最关键、最要紧的事情做起，补上最短的短板，促进经济社会各项事业发展，进而带动群众脱贫致富。"纳云德说。

基础设施短板不断补上。目前，怒江基本解决了农村人畜饮水问题，农村饮水安全巩固提升工程稳步推进；农村4G信号覆盖工程稳步推进，手机信号自然村覆盖率达97%。

各项社会事业不断改善。贫困群众教育、医疗保障程度越来越高。全州小学适龄儿童入学率99.7%，建档立卡贫困人口参加基本医疗保险率、城乡居民养老保险率均为100%。

特色产业逐渐涌现。草果种植面积达100多万亩，2017年年产值达3.5亿元；重楼、滇黄精、续断、桔梗等中草药材渐成气候；核桃、漆树、花椒等特色经济作物发展势头良好。怒江州扶贫办相关负责人介绍，下一步将通过精准选择脱贫产业、科学制定措施，精准扶持到户到人，进一步增强产业扶贫的精准性、有效性。

发展带动脱贫，脱贫才能更好发展。"怒江州渴望发展，只有区域整体发展水平提高，才能为脱贫提供源源不断的动力。怒江州把经济社会发展各项事业和脱贫攻坚紧密结合，让贫困群众逐步过上好日子。"纳云德说。

贫困群众精神面貌怎样？

一些群众存在畏难情绪，存在"等靠要"心理。

打赢深度贫困地区脱贫攻坚这场"硬仗"，离不开贫困群众的参与。在怒江采访发现，一些贫困群众自我发展动力不强，但根除精神贫困，很难一朝一夕完成。

激发贫困群众内生动力，怒江州有特殊的困难。60%以上人口为"直过民族"，40%的人口不会讲普通话，人均受教育年限仅为6～7年，不少少数民族地区社会发育程度低。怒江州新时代农民讲习所协调领导小组办公室专职副主任杨云红说，一些群众祖祖辈辈生活在高山深谷中，与现代生活隔绝，缺乏主动谋求幸福生活的动力、能力，精神贫困成了脱贫攻坚路上的拦路虎。

贫困群众对发展产业存有"怕"心态。泸水市鲁掌镇浪坝寨村大学生村官和倩如发展羊肚菌产业，带动贫困户脱贫。虽然提前找好了销路，免费提供技术指导，承诺保底价收购，但村民还是担心羊肚菌长不出来，宁愿继续种苞谷。杨云红说，贫困群众普遍存在"怕"的心态，脑袋里的"怕"成为行动上的"慢"，发展产业怕赔，外出务工怕远。鲁掌镇党委副书记岳应鑫说，希望能有更多富有开拓精神的农村能人和大学生村官、驻村干部等共同干事创业，推着贫困户往前走。

一些贫困群众缺技能，脱贫产业难带动。群山巍峨、翠峰如簇，丰富的森林资源是怒江州的"绿矿石"。鲁掌镇三河村村民袁开友牵头成立合作社，发展楤木（刺龙苞）种植加工。2017年刺龙苞长势不错，但没想到在收购环节出了问题。有村民未能完全掌握采收技术，误了时节；有村民未能及时处理嫩芽，导致楤木腐烂，却强要合作社收购。

刘帮强是三河村的能人，他带动贫困户发展长柱重楼种植。"重楼生长周期长达10年，一亩种植成本要5万多元，对技术、资金要求很高。但一分耕耘一分收获，盛产期亩产值能达20万元。"虽说行情不错，但参与的贫困户很少，其中还有一个重要原因，就是"种植重楼需要精耕细作，懒人养不活重楼。"

一些群众有"等靠要"心理。因眼红建档立卡户享受优惠扶贫政策，金满村本应带领群众脱贫的3名村委会成员竟然也申请成为贫困户；有群众被识别为建档立卡贫困户后，买肉买酒、举杯欢庆，因生活条件稍好而落选的边缘贫困户心里很羡慕。有贫困户危房改造后屋子漏雨，直接找到乡干部说："你们盖的房子漏雨了，快来修一下。"

不少贫困群众易地搬迁动力不足。搬迁后居住地和生产地距离远，两头兼顾不方便。金满村村民中才纪说，全家已搬到安置点巴尼小镇新居，但山上还种着花椒、玉米，平时他骑摩托车上山打理，一趟要一个多小时。吾马普村石布子村民小组整体搬迁后，村民从安置点兔峨坝到村里，骑摩托车单程要一个半小时。

生活习惯不适应。金满村村民和中江搬迁后仍住在旧房。她说新家住得不习惯，以前自己种地，口粮和蔬菜可自给自足，如今生活开支明显变大。搬进新居的高雪花说，新房天天都要扫地，她更喜欢老房子。

地方解决后续就业能力有待提升。不少贫困户搬迁后，在安置点周边找不到就业岗位，不少群众像中才纪一样两头跑。

群众内生动力咋激发？

精神扶贫既要"大水漫灌"，也要"精准滴灌"。加大投入，狠下绣花功夫，消除"看不见的贫困"。

鲁掌镇浪坝寨村武装干事杨卫宏为了推销自家羊肚菌，搞起了网络直播，第一次面对镜头的他有点羞涩，介绍语都说不顺，但试过几次后，已经应对自如。之后，杨卫宏还尝试了种无筋豆、竹荪等。"以前收益再差，还是习惯种玉米。大学生村官在村里搞羊肚菌，鼓励我加入，没想到干上了瘾，多亏了他们让我开了眼界。"

攻克怒江州深度贫困堡垒，要从外助推，集中力量，加大投入；更要从内发力，引导群众主动摆脱贫困。纳云德说，摆脱精神深度贫困，既要"大水漫灌"，也要"精准滴灌"。"漫灌"是为了让思想教育、产业扶贫、技能培训等尽可能地覆盖到广大贫困群众，让他们尽快掌握现代生活理念、市场所需技能，养成积极向上的志气。"滴灌"是用更接地气的内容，更喜闻乐见的方式，提升培训效果，用更精准的措施获取更好的减贫成效。

整合资源，建立常态化、制度化精神扶贫机制。杨云红介绍，怒江州将把人社、农业、扶贫、教育等部门的培训项目整合到一起，充分利用基层活动场所，定期举办宣传教育培训活动。驻村工作队将设专人主抓贫困群众精神扶贫，经常入户教育引导贫困群众"我要脱贫"。州一级领导每月驻村两天，县级领导到挂包行政村驻村，乡镇领导到挂包自然村驻村，驻村的一项重要工作就是要组织发动、宣传教育贫困群众。

李树奇是培训工作人员。"我们的课程有养殖技术、厨艺、普法、移风易俗等，在田间地头上课，讲村民想听的、关心的内容，并把宣讲内容编成歌舞、小品等形式，深受欢迎。"兔峨乡阿塔登村一位贫困户，打算让上四年级的儿子辍学。镇上得知后，反复到他家劝说，最后孩子得以继续上学。

发掘身边典型，春风化雨入脑入心，感染引导贫困群众。鲁掌镇浪坝寨驻村干部张明芳身患尿毒症，在结束驻村任务后，仍心系老乡，为村里的羊肚菌产业奔波，深受村民信任和爱戴。纳云德说，要常态化宣讲这样的典型事迹，让身边事、身边人感染群众。

多管齐下帮贫困群众"找饭碗"。怒江州林业局副局长刘富泰介绍，怒江州森林覆盖率达 80.5%，日常管护任务繁重，聘请建档立卡贫困户担任生态护林员，可让贫困家庭有稳定收入。吾马普村村民余四龙是村里的护林员，每天巡护周边 3000 多亩山林。他很满意这份工作："1 年万把元工资基本够日常生活开支了。"怒江州提出每户贫困户至少安排 1 个公益性岗位，目前安排了 8000 多个护林员，发展了 1000 多名河道治理员，还设置了地质灾害监测员、城乡环境保洁员等公益性岗位。

纳云德说，除了公益性岗位外，还应多渠道促进群众就业创业，增强他们的"造血"能力。一方面引进来，提供优惠政策，鼓励劳动密集型企业落户；引导贫困农户将已确权登记的土地承包经营权入股企业、合作社、家庭农（林）场，与新型经营主体形成利益共同体，分享经营收益。另一方面走出去，根据市场用工需求，精准培训，引导贫困群众外出务工。

针对群众易地搬迁动力不足的问题，除了创造更多就业岗位，还要通过参与式扶贫激发他们的积极性。"在易地搬迁安置房建设中，多聘用贫困群众，让他们盖自己住的房子，增加劳务收入的同时塑造主人翁精神。"培训工作人员苏义生说。

打赢打好深度贫困地区脱贫攻坚战，必须解决精神深度贫困的难题。纳云德说，怒江州要瞄准"看不见的贫困"，狠下绣花功夫，激发贫困人口内生动力，塑造"我要脱贫"的信念，形成全社会干事创业的合力，提升脱贫质量。

（原文发表于《人民日报》2018年10月21日第9版，作者：顾仲阳、王浩）

作者感言

到过不少贫困地区采访，但怒江的穷真的令我震撼：贫困发生率全国最高，看不见的精神贫困根深蒂固，这样的贫中之贫2020年怎么如期脱贫？带着萦绕在脑畔的这个问题写了这篇文章，客观展现了怒江面临的困境和他们为摆脱贫困所付出的努力，写完也没有完全消除自己的疑问。

后来，又采访了几次怒江，心中的问号被渐渐拉直，主要原因有两个——其一，国家把深度贫困地区当作脱贫攻坚堡垒攻，倾斜支持；其二，怒江干部群众发挥"苦干实干亲自干"的作风和"缺条件，但不缺精神、不缺斗志"的精神攻坚拔寨，物质、精神都到位，精准扶贫方法对路，精准脱贫，怒江肯定也能行。

打好脱贫仗，牧民生活变了样

——来自内蒙古自治区鄂温克族自治旗的扶贫调查

内蒙古鄂温克族自治旗深入实施精准扶贫，推出蔬菜种植、禽类养殖等 8 类特色扶贫产业，教技术、给补贴、找销路，引导牧民转变认识，投身转型；开列 67 项扶贫菜单，让贫困户按单选择产业，调动积极性；成立合作联社，注入资金，帮带牧民集中饲养牛羊，降低风险，提高收益。如今，草原上越来越多曾一家一户放牛牧羊的牧民们，联手走上了集约化、现代化的高效畜牧业生产之路。

作为全国 3 个少数民族自治旗之一，内蒙古鄂温克族自治旗迎来了脱贫出列的最后冲刺。脱贫攻坚战打响以来，鄂温克族自治旗党委政府深入实施精准扶贫基本方略，以产业扶贫为抓手，调整产业结构，做强主导产业，发展特色产业，实现精准脱贫的同时，为草原的可持续发展和乡村振兴奠定了坚实的基础。

改变观念　产业亮出特色　效益带动干劲

鄂温克族自治旗境内有 24 个少数民族，建档立卡贫困人口中，少数民族占比超过 90%。他们主要从事传统畜牧业，脱贫难度较大、扶贫成本较高。旗委书记赵玉林说："全面建成小康社会，决不能让一个少数民族群众掉队。"

脱贫致富，产业扶贫是关键，也是难点。2015年至2017年，鄂温克草原连续3年干旱，加上畜产品价格下行，很多牧户赔了钱。这也让全旗上下认识到，实现传统畜牧业转型升级，推进供给侧结构性改革，已是牧区高质量发展的必由之路。2017年，鄂温克旗以打赢脱贫攻坚战为统筹，从实际出发，顺势推出了蔬菜种植、禽类养殖、食用菌种植、药材种植、民族食品生产等8类特色扶贫产业，在调整牧区产业结构的同时，带动贫困群众增收。

然而，对于产业结构调整，巴彦嵯岗苏木扎格达木丹嘎查贫困户吉日嘎拉说出了很多牧民的心声："我就会种草养羊。种菜养鹅，那些玩意哪会整啊？"

牧民们祖祖辈辈、家家户户都是种牧草、养牛羊。可当前，却需要传统畜牧业向现代畜牧业转型，需要牧民定居，在房前屋后种菜种树、养鸡养鹅，发展庭院经济，实现稳定增收。中央党校科社部社会发展理论教研室教授向春玲认为，这无疑是草原牧区产业转型的一场革命。

产业转型首先得认知转型，面向牧民的宣讲必不可少。做宣讲，既要讲清楚当前产业发展、增收面临的严峻形势，也要讲清楚产业转型的必要性。旗四大班子领导带头深入基层，广泛宣讲扶贫好政策、转产转业先进典型，引导贫困户转变认识，积极投身产业转型。

找出办法　路径按单选择　扶贫因户施策

发展特色产业，手头缺钱怎么办？一个蔬菜大棚补贴2000元、一只鹅补贴5元、一袋木耳补贴0.5元……鄂温克旗拿出财政资金，补贴引导牧民。

不懂技术怎么办？鄂温克旗办起了蒙古包课堂、菜单式培训，旗里从阿荣旗请来专家指导大鹅养殖，从呼伦贝尔市请来专家指导养鸡，从通辽市请来专家指导药材生产……10个特色产业推进小组都设技术员，通过上门服务和开设微信群等方式，为贫困户提供全程技术指导。

特色产品销路怎么解决？鄂温克旗推行"龙头企业＋合作社＋基地＋科研机构＋贫困户"等产业扶贫模式，鼓励新型主体与贫困户建立紧密的利益联结机制。保护价收购、订单式生产，让贫困牧民安下心来。

效益是最好的老师。2016 年以来，鄂温克旗每户贫困户平均每年都从 8 类特色扶贫产业中增收 1 万多元。"这让牧民的思想观念发生了很大的转变，很多牧民纷纷前去特色产业示范户那里打听，越来越多的人动手干了起来。"鄂温克族自治旗旗委副书记李志东说。

为激发贫困农牧民参与产业脱贫的积极性，鄂温克族自治旗整合贫困户的各种需求，出台了《鄂温克族自治旗 2017 年精准脱贫措施》，把"五个一批"的脱贫路径具体化为 67 项扶贫菜单。每个贫困户在帮扶干部的帮助下，都选择了多项脱贫措施，全旗形成了因户施策、多措并举的叠加式扶贫模式。

在产业脱贫方面，贫困户按单选择产业，很多实现了高质量脱贫。今年全旗贫困户人均收入达到了 14459 元（2017 年 9 月底到 2018 年 9 月底为一个收入统计年度），同比增长了 16.2%。

越来越多的贫困牧民吃上了按单定做的"脱贫饭"。吴晓光是团结嘎查的达斡尔族贫困牧民。2017 年他按单选择，在庭院里建起了 3 座大棚，种上了豆角、黄瓜、西红柿和辣椒。政府给了 6000 元补贴，还派来了技术员指导。"咱种的菜不上化肥、不用农药，销路没问题。短短 4 个月就收入了 1 万多元。"吴晓光说。

"菜单式扶贫，让贫困户都能在产业脱贫过程中对号入座，调动了他们脱贫的积极性。"李志东说。

提升规模　成立合作联社　帮带集中饲养

脱贫致富离不开主导产业的做强做大。

鄂温克旗发力加快传统畜牧业向现代畜牧业转型升级，提高效益，降低成本。旗里整合资金，优先支持 51 家畜牧业示范合作社规模化、集约化经营，带动 682 户贫困户互惠共赢发展，2017 年贫困户以资产入股、投工投劳、牲畜托养入社等方式户均收益 2000 余元。

2016 年草原遭受旱灾，为了减轻饲草压力，巴彦嵯岗苏木阿拉坦敖希特嘎查贫困户娜仁琪琪格出栏了 100 只羊，但肉价不理想，才卖了 2.5 万元，而买草就花掉了 2 万元。自家散养不仅辛苦，而且赚不到钱。2017 年开始，苏木向英伦合作联合社注入扶贫资金，联合社帮贫困牧民集中饲养优质基础母羊，娜仁琪琪格一家顺利摆脱了困境。

"在政府主导下，内蒙古英伦畜牧业科技发展有限公司和巴彦嵯岗苏木 7 家牧民专业合作社联手，成立了合作联社。"内蒙古英伦畜牧业牧民专业合作联合社理事长刘及东介绍："苏木将 16 户贫困牧户纳入联合社肉羊基地的帮扶名单，将每户 3.66 万元扶贫专项资金投放到联社，为每户贫困牧民购买 45 只基础母羊，进行集中饲养。贫困户可以和联合社其他社员一样，享受每只羊每年 160 元的固定分红，还可以得到一定比例的利润二次返还。"

刘及东还表示，联合社采取全新的肉羊养殖模式，引进杜泊羊种公羊、澳洲白种公羊与呼伦贝尔本地羊杂交，生产繁殖率高、产肉率高、耐寒的肉羊新品种，不仅降低了牧民散养的成本和风险，也提高了他们的养殖效益。除了帮带贫困牧民，巴彦嵯岗苏木还将进一步争取项目资金，继续通过联社帮带牧民集中饲养肉羊的形式，帮扶苏木 45 户低收入户增收。

鄂温克族自治旗农牧业局副局长佟延会说，产业扶贫让牧民们转变了思想观念，调整了产业结构，草原上涌现出不少新的产业生长点。这显然是牧区的一场大变革。

如今，在鄂温克大草原上，越来越多曾一家一户放牛牧羊的牧民们，联手走上了集约化、现代化的高效畜牧业生产之路。从畜牧业中解放出来的劳动力，栽起了木耳、养起了大鹅、种起了药材……带动牧民脱贫致富的特色产业花儿朵朵，盛开在草原上。

（原文发表于《人民日报》2018年11月13日第9版，作者：顾仲阳）

作者感言

全面建成小康社会，一个民族都不能少。由于历史、文化等原因，少数民族地区往往市场经济发育程度低，思想观念需要与时俱进，精准脱贫有其特殊性，有的往往难度更大，鄂温克族自治旗就是其中的代表。

坚持精准扶贫，因地制宜开列扶贫菜单，让贫困户按单选择产业，调动积极性；通过现代生产方式改造牧区传统产业，教技术、给补贴、找销路，用利益杠杆引导牧民投身产业转型。结果是精准扶贫不仅让牧民脱贫致富了，也让他们的思想观念大为转变，大草原也逐步走出了一条高效畜牧业生产之路。鄂温克族自治旗的脱贫之路，对全国其他少数民族脱贫致富挺有借鉴意义。

有学上，能治病，得安居

——来自四川苍溪县、巴州区"两不愁三保障"问题的调研

农村贫困人口的义务教育、基本医疗、住房安全如何保障？四川省苍溪县、巴州区下了真功夫：对容易辍学的残疾儿童、困境儿童，送教上门、动态跟踪，给经济帮助的同时也给关爱；对贫困患者，大病急病有多层次报销，慢病小病不出村就能看，同时，日常还多普及健康知识，减少得病；开展易地搬迁、危房改造，帮助贫困户圆上安居梦。

上门送教育　不让孩子因贫失学

"碧玉妆成一树高……"孩子含混地跟着老师念，老师毫不气馁，一遍遍地反复教。这里是四川省广元市苍溪县五龙镇大树村牟亮的家，也是"教室"，而学生只有他一人。

牟亮患有轻度脑瘫，不能平稳行走，没法像同龄人一样到学校上学，五龙镇中心小学将他列为送教上门对象。校长王文胜介绍，学校组织了熟悉教育、心理、康复工作的5位老师，量身定制教学方案，上门为他授课。

学算术、练画画、听音乐、讲故事……目前，15岁的牟亮已经达到了小学四年级的知识水平。

"孩子的父亲外出打工，我在饭店当服务员，还有一个小女儿需要照顾。要不是有送教上门，儿子早就辍学了。"牟亮的母亲李国珍难掩内心的感激。

"教育是阻断贫困代际传递的治本之策。"苍溪县长杨祖斌介绍，通过送教上门，135 个不能到校上学的残疾儿童都有书可读，全县义务教育真正实现了"一个都不少"。

在四川省巴中市巴州区，每个乡镇都设立了关心下一代工作委员会，为困境儿童建立常态化的帮扶机制。

"我们为每个困境孩子都建档立卡，安排了'五老'联系人，精准落实帮扶政策，动态跟踪孩子的学习生活情况，全乡没有一个困境儿童辍学。"水宁寺镇关工委执行主任田顺荣告诉记者。

枇杷村三社的饶兰、饶巧姐妹，在水宁寺中学上初中，平时由爷爷奶奶抚养。除了享受国家"三免一补"等教育扶贫政策外，每个孩子每月还能从区里领到 460 元的困境儿童救助费，一学期还有 1000 元的教育扶贫救助基金。"要不是有这些好政策，两个孩子上学我肯定供不起。"爷爷饶正光是建档立卡贫困户，他欣慰地说，姐妹俩非常懂事，学习成绩也不错。

巴州区委常委、宣传部部长刘尧介绍，全区建立健全了关心下一代工作基层组织网络，设立了专项资金，为每名困境儿童落实救助和关爱措施，确保他们不因贫辍学。

除了经济上的资助，生活、学习上的关照同样必不可少。

"成绩怎么样？要听老师的话。""我知道了。妈妈，我好想你。"在苍溪县五龙镇中心小学的"留守儿童之家"，徐刘鑫正跟在浙江打工的母亲进行视频通话。

学校还设立了心理咨询室、留守儿童保护工作站。老师们以"爱心妈妈""爱心爸爸"的身份结对帮扶，关注贫困家庭留守孩子的日常学习和生活，给他们送去更多关爱。

织密医保网　让贫困群众看得起病

"老刘！"听到熟悉的叫声，苍溪县歧坪镇六股树村一组老人刘吉先还没出门，就知道是村医刘徽来了。量血压等例行检查之后，刘徽又嘱咐老人少食多餐，减轻小肠消化负担。

因为得了胃癌，2015 年，刘吉先花了 26 万元做了胃全切手术，命保住了，但全家因此致贫。手术后还需长期服药和不定期治疗，这一度让他心灰意冷。好在一系列给力的健康扶贫举措，让他没被疾病击垮。

术后 3 年，刘吉先到县医院住了 6 次院，到镇卫生院住院 1 次，总共花费 3.3 万多元，自己只掏了不到 10%。卸下沉重的医疗负担，刘吉先生活得更有劲头，他力所能及地养鸡养牲畜、种猕猴桃种核桃，儿子也在外务工。"今年我家也要将贫困帽摘了！"他信心满满地告诉记者。

对刘吉先等贫困乡亲来说，家庭签约医生刘徽就是他们的"健康守护人"。平时遇到感冒发烧、头疼脑热之类的小病，再也不需要赶到镇上甚至县里的医院排队挂号了，找刘徽看病拿药就行。六股树村地广人稀，留守的多半是老弱病残，医疗服务需求不小。刘徽白天忙完卫生室的日常诊疗，晚上便背着出诊箱，骑上摩托车，带着手电筒，开始逐组逐户巡诊，群众亲切地称他为"夜灯天使"。

通过兜牢医疗保障网，精准实施贫困患者医疗救助，提升健康服务能力，苍溪贫困群众基本医疗保障有力。

除了让贫困群众看得起病、看得好病，让他们少得病，是减少因病致贫、返贫的根本之计。而这也是不少地方健康扶贫的短板。

为了补上这个短板，巴州区开展"大健康促进行动"，组织专家深入 68 个贫困村，为群众面对面讲授实用健康知识，把疾病预防和日常保健的"金钥匙"交给他们。

为改善贫困村的人居环境卫生，巴州区还实施农村垃圾污水综合治理和"厕所革命"等行动，为 5.3 万贫困户规划落实改水、改厕、改灶等。

"现在日子越来越有滋味，我们可要注意身体，身体好了，才能享受好日子。"大茅坪镇土地垭村二社贫困户牟翠德笑着说。

保住房安全　住进新房子过上好日子

"以前，家里太穷、房子太破，我儿子赵天文的岳父岳母过来时，只好往我女儿女婿家里带，骗他们说房子是我儿子的。2016 年年底，我们搬进了这新房，亲家看后非常满意。"如今坐在亮堂宽敞的客厅里，巴州区化成镇长滩河村的张琼芳向记者讲起了从前的故事。

长滩河村，两山夹一沟，赵天文家的老房子就位于村里的河沟下。"一下雨就担惊受怕，连路都不通，出入都需要爬坡上坎，干个啥子都不方便，我们全家只好到城里谋生。"张琼芳说，从 2006 年起，赵天文夫妇俩就借住在妹夫家里，靠在街边摆摊修鞋子、补衣服维生。

2016 年，区里对住在河沟的村民实施易地扶贫搬迁。"125 平方米的新楼房，自己只花了七八千块钱。搬家那天我高兴得差点哭了！"张琼芳激动地说。

巴州区委书记张平阳介绍，通过整合易地扶贫搬迁、危房改造、土地增减挂钩等项目，14.5 万农村人口住房安全有了保障。但还是有极少部分特困户无力承受自付费用，区里建成了 300 多套农村廉租房供他们低租金甚至免费住，帮助近 1500 名特困人口圆了安居梦，目前全区农村住房安全保障率达到了 100%。

水宁寺镇沙嘴村的单身汉冯玉先，父母双亡多年，自己长期患病。免费住进村里的廉租房后，他感慨地说："卧室、厨房、卫生间都有，水电气都通，真是做梦都想不到，我还能住上这么好的房子。"

搬出容易致富难，搬迁户就业增收是易地扶贫搬迁工作的薄弱环节。为了让搬迁户过上好日子，在每个聚居点，巴州都建起了产业园。巴州区农民工服务中心负责人李孟芝介绍，通过开展劳动力转移、农民工就业创业等培训，目前全区所有搬迁户中，劳动力就业率达 90% 以上。

赵天文夫妇系统地接受了制衣技术培训，2017 年顺利地在浙江宁波一家制衣厂找到了工作。对分散安置户，巴州则实施"万元增收工程"，因户施策，支持他们发展小种植、小养殖、小商业等到户产业。

苍溪县发挥产业基础较好的优势，将易地扶贫搬迁与特色产业同步规划发展。同时，累计开发扶贫公益性岗位 1737 个，让搬迁贫困户基本实现有事可干、有钱可赚。

在石灶乡九台村，猕猴桃树苗茁壮，丹参藤蔓青青，一栋栋搬迁新房，墙面雪白，庭院整洁。

"村里的特色产业发展步入了快车道，目前猕猴桃、罗汉果、脆红李和核桃产业都小有规模，西瓜、丹参产业效益也不错。搬迁贫困户住进新房子，好日子这才刚开始呢！"村支书杨毅底气十足地说。

（原文发表于《人民日报》2019 年 7 月 3 日第 12 版，作者：顾仲阳）

作者感言

全面小康不落一人，不仅是一句口号，更是"两不愁三保障"的一个个实实在在的脱贫标准，一件件关乎群众切身利益的民生实事。2019 年，我国的脱贫攻坚进入决战决胜、全面收官的关键阶段，但全国还有 520 万贫困人口"三保障"和饮水安全存在问题。脱贫攻坚，重在精准，成败在于精准。精准脱贫，必须群众认可，经得起历史检验。在四川采访，深感"两不愁三保障"突出问题整改工作的实打实，对标对表脱贫标准，逐户逐项对账销号，一个个漏洞被堵上，一块块短板被补上，一张张笑脸灿烂绽放。要是所有的工作都这么力求精准，实打实干，还有什么干不好的呢？

驻村纪实

穷山村变身新农村

——云南省昭通市鲁甸县小寨乡大坪村采访纪实

"雨天走不成"到硬化路入组，基础设施大改善

一片片生机勃勃的经济林果漫山遍野，一幢幢白墙黛瓦的农家乐小院掩映在绿树丛中，一条条整洁的硬化路进村入组，一股股清澈的自来水流进农民的灶头……初到云南省昭通市鲁甸县小寨乡大坪村，眼前的景象很难让人跟贫困村联系起来。

"这多亏了整乡推进扶贫开发，让小寨乡发生了翻天覆地的变化，你要是四年前来，就会知道这里有多穷。"副县长庄清海介绍说。数据显示，2008年全乡人均纯收入2465元，按照当时1196元的贫困标准，贫困人口占25%。

"天上落雨地下流，雨后晴天水又愁。""下雨天，路都走不成。""养猪为过年，手里没现钱。"……穷在山，困在路，苦在水。回忆起当年的穷困，农民们你一言我一语。

2009年，小寨乡被列为云南省扶贫开发整乡推进试点乡。鲁甸县扶贫办主任黄国礼介绍，6100万余元项目资金合力攻坚：修路、通水、通电、危房改造、建沼气池，基础设施大改善；高产稳产农田建设、经济林果种植，农家乐发展，增收门路日益拓宽。积弱积贫的穷山村逐步变身充满希望

的新农村。

1 斤 2 元到 15 元，樱桃身价大涨

小寨乡的樱桃个大味甜，在十里八乡小有名气。但整乡推进前，好樱桃没能卖上好价钱。大坪村小河边村民小组农民叶大利说，以前樱桃要挑到县城去卖，2 元钱一斤，还经常卖不掉，只能挑回来喂猪。"现在我们发展农家乐，请人来村里吃樱桃，15 元一斤。"叶大利一家原先住在山上，整乡推进后搬下山，在政府补贴下开了家农家乐，2012 年已经接待了上千人次客人，纯收入 2 万元。

乡长施华楠说，整乡推进后，樱桃成熟时节，来自昭通市、昆明市和四川的客人蜂拥而至，山沟里都停满了车。整个乡就像过年一样热闹，农家乐生意火爆，土特产俏卖，2011 年全乡农家乐接待达 100 万人次。现在，小寨的樱桃名气越来越大，"云南曲靖、镇雄等地，四川西昌、攀枝花一带的樱桃都开始贴鲁甸小寨的牌子卖。"

年收入 8000 变 5 万，农民腰包鼓起来

小寨乡的整乡扶贫突出瞄准最贫困群众，走产业化扶贫之路。由于丈夫早逝，大坪村小河边村民小组农民彭光巧一家成了村里的特困户，2009 年前一年收入三四千元。但 2011 年，少了一个壮劳力的她家年收入却超过了 1 万元。"以前种玉米、种土豆，养两头猪，现在改种核桃、樱桃和蔬菜。"彭光巧把增收的原因主要归结为产业结构调整。

整乡推进改善了基础设施，乡里顺势调整产业结构。传统作物逐步让位于经济作物。施华楠说，现在全乡山上种樱桃、枇杷；山腰种核桃、花椒，全乡人均经济作物由整乡推进之前的不到 1 亩增加到 4.5 亩，2011年全乡农民人均纯收入达到 4215 元。叶大利一家种了 4 亩核桃，1 亩蔬菜，加上农家乐 2 万元收入，2011 年全家总收入 5 万元，而 2008 年只有 8000

元。"等核桃全部进入盛产期后，1亩1年又能增加一两万元收入。"叶大利喜笑颜开。

（原文发表于《人民日报》2012年6月10日第7版，版名《新农村》，作者：高云才、顾仲阳）

作者感言

这是2012年6月10日发表于《人民日报》的一篇报道。本文主要写整乡推进扶贫开发给小寨乡带来的巨大变化。从整村推进、整乡推进、整县推进，到攻坚集中连片特困地区，再到瞄准贫困群众因户因人施策，我国的扶贫开发走过了不平凡的历程，积累了丰富的经验，也是世界减贫史上非常有价值的实践。

脱贫要"赶"更要"请"

——云南省昭通市昭阳区三甲村采访纪实

阳光，暖暖地照在三甲村。在乌蒙山区的盘山公路绕来绕去地颠簸，在高山深谷中的农家破旧小院叙话桑麻后，眼前的景象多少让人有点恍惚——

两纵三横的"井"字形水泥街道，街道两旁整齐的白墙青瓦徽式"小别墅"，随处可见的建房工地，要不是走出村外，见到了田地，还真以为到了城区。土坯房、茅草房连片，道路泥泞不平，村容脏乱差……看了 2000 年三甲村的老照片，置身眼前这个欣欣向荣的新农村，不禁让人有种穿越的感觉。

三甲村发生巨变的关键在于扭住了劳动力转移这个牛鼻子。

"赶"村民出去打工，学本领增收入

把村民赶出去，又把村民请回来，村党总支书记黄训奎的"脱贫经"不胫而走。

"当年，你为什么要把村民'赶'出村子呢？"

"太穷，太穷了。"长期以来，4000 名三甲村民用传统的耕作方式固守着人均七分责任地，人多地少，一方水土养不了一方人，贫困与他们相依相随，2000 年全村人均纯收入仅有 580 元。

老黄自己是当兵出身，复员回乡后跟人学过预算和规划，最后在昭

通市区开办了一个汽车销售店，开上了自己买的汽车。

但，三甲村的贫困一直烙在老黄的心灵深处。组织上找到老黄，希望他回村当致富带头人，村民更是信任他。2000年年底，他高票当选村支书。面对大家的信任，老黄毅然放弃红火的汽车生意，回村和村民一起干。

老黄想，土里刨食，也只能维持个生计。要脱贫，还得转变观念，出去打工。经过讨论，村"两委"结合本村实际，提出了"外出务工打基础，回乡创业促产业，产业带动大发展"的脱贫致富思路。

三甲村翻天覆地的变化从此拉开序幕。

故土难离。为说服农民外出谋发展，2001年，黄训奎带领村干部挨家挨户上门动员："窝在村里饭都吃不饱，出去打工是条好路子，能快速增加收入和本领。"一次不行两次，两次不行三次……当年，黄训奎领着村干部硬是把村里100多名壮劳力"赶"出去打工。

外面的世界很精彩，出去打工的，陆续尝到甜头。老乡带老乡，加

2001—2010中国扶贫十年

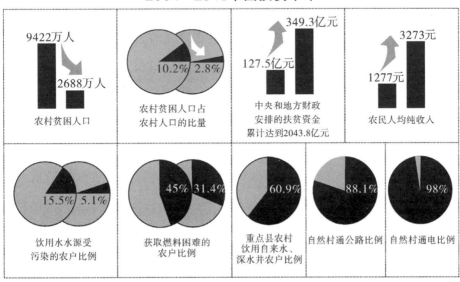

9422万人 → 2688万人
农村贫困人口

10.2% 2.8%
农村贫困人口占
农村人口的比量

127.5亿元 → 349.3亿元
中央和地方财政
安排的扶贫资金
累计达到2043.8亿元

1277元 → 3273元
农民人均纯收入

15.5% 5.1%
饮用水水源受
污染的农户比例

45% 31.4%
获取燃料困难的
农户比例

60.9%
重点县农村
饮用自来水、
深水井农户比例

88.1%
自然村通公路比例

98%
自然村通电比例

上劳动力转移培训、劳务订单输出及时跟进，到 2005 年，三甲村外出务工人员增加到 1700 人，占全村劳动力总数的 88%，务工收入占全村农民人均纯收入的 66%。经过几年打拼，外出务工人员中陆续涌现出了一批小有实力的老板。

出去打工的壮劳力越来越多，留守儿童、留守妇女、空巢老人等社会问题随之而来。"特别是留守儿童，更让人揪心，不能因为挣钱，把孩子给耽误了。" 2003 年，黄训奎动员昭通城里幼教专业毕业的残疾青年杨永红，在三甲村创办了一家幼儿园，白天照看幼儿，晚上帮学生辅导功课，100 多名留守儿童有了一个"家"。

从长计议，"请"村民回来创业，兴产业帮群众带富一方

打工虽然挣钱，但终究是碗"青春饭"，年纪大了多半还要回来。村"两委"放眼长远：把"打工明星"请回来创业，可以带领乡亲们共同建设三甲村，共同致富，而且还从根本上解决了家庭成员之间的分离问题。

为吸引乡亲们回来创业，黄训奎带领村"两委"一班人马多方奔走，争取到各级扶持资金 2000 多万元，村里的水、电、路、气等基础设施逐步得到改善。

家庭养殖场里，清一色的乌鸡、色彩斑斓的野鸡咯吱咯吱的叫声此起彼伏。文质彬彬的蔡仁剑是最早回乡创业的村民之一。因为家里穷，2000 年，她初中没毕业就出去打工，挣钱供弟妹上学。在打工过程中，蔡仁剑掌握了养鸡技术。2004 年回家过年，她考察市场发现，昭通鸡蛋都从昆明或四川进货。看到好商机，加上村"两委"的动员，蔡仁剑决定回家创业养鸡。黄训奎及时出手，帮蔡仁剑协调了扶贫贴息贷款，解决了起步资金难题，她的诚信养殖场顺利建成，最多时雇了 6 人，目前一年纯收入 10 多万元。

像蔡仁剑一样，全村先后有 200 多名外出务工人员回乡创业，领办规模化养殖场 22 家，带动发展标准化家庭养殖场 610 余家，三甲村一跃

成为昭通市最大的养殖生产基地，全村畜牧业产值近亿元。

贫困村要致富，先富带后富很重要。三甲村党总支当年在动员外出务工时，引导何朝健、何朝江、蔡启候、朱启顺等从事建筑业的小老板，每人至少带 10 个劳动力出去打工。"打工明星"回乡创业后，村党总支又引导他们为当地村民无偿提供技术服务，无偿帮助种养散户开拓市场，企业用工优先录用当地村民。在当地龙头企业的强力带动下，三甲村在外务工人员已从高峰时的 1700 人减少到现在的 30 人，一大批贫困户顺利脱贫。

从"外出务工一人、致富一家"，到"回乡一人创业、带富一方"，加法变乘法，三甲村从贫困村一跃成为富裕村。村委会入户统计，2011 年，全村农民人均纯收入已超 1 万元。

三甲村是昭通市开发农村劳动力资源加快脱贫的一个缩影。近年来昭通大力实施劳务输出工程，到 2011 年年底累计输出农村劳动力 127.43 万人，农民人均务工纯收入 1657 元，占农民人均纯收入的 51%，同时一大批外出务工人员返乡创业，带领乡亲们共同致富。昭通市扶贫办副主任刘强说："如何把人口负荷劣势转化为人力优势，是很多贫困地区面临的重要课题，三甲村十多年来的发展道路很有借鉴意义。"

（原文发表于《人民日报》2012 年 6 月 11 日第 1 版，版名《要闻》，作者：高云才、顾仲阳、蔡华伟）

作者感言

这是 2012 年 6 月 11 日发表于《人民日报》的一篇报道。三甲村从"赶"村民出去打工、学本领增收入，到"请"他们回来创业、兴产业带富一方，这段变迁，不仅生动回答了贫困地区如何把人口负荷劣势转化为人力资源优势加快脱贫这个课题，而且对于乡村振兴战略实施过程中如何积攒人气搞活乡村，都有很好的参考价值。

"只想要妈妈陪在我身边"

——陕西省商洛市丹凤县之留守儿童采访纪实

6月1日儿童节，记者走进陕西省商洛市丹凤县商镇油房街小学以及几名学生家中，了解孩子们的学习生活情况和所思所盼。

商洛市地处秦岭东段南麓，全市7县区均属国家扶贫开发工作重点县区，是革命老区、集中连片的贫困地区。按照年人均纯收入2500元的陕西省新扶贫标准，商洛2010年年底贫困人口为90万，占乡村人口的比例高达44.8%。

我们沿着一段山路，来到油房街村7组的小王洋家。由于父母长期在外打工，9岁的小王洋从3岁起就和爷爷奶奶在一起生活。几间老旧的土房映入眼帘，门口挂着"扶贫低保户"的公示牌。走进光线昏暗的屋里，只见墙上贴满了报纸，房顶还挂着塑料布挡雨。61岁的奶奶麻喜娥告诉记者，一到雨天，屋子就漏得厉害。床边还有一张低矮、没有台灯的旧茶几，这是王洋做作业的"书桌"。

戴着红领巾的小王洋9岁，读二年级，刚从4里外的学校回来。她的爸爸妈妈长期在西安打工，王洋从3岁起，就跟着爷爷奶奶一起生活。2012年，刚过40岁的爸爸突然因病去世，这个家庭的顶梁柱轰然坍塌。

村干部介绍，小王洋的爸爸去世后，在西安一家饭店洗碗的妈妈回到家里，没有了收入，还患有哮喘病，一个月吃药要花百十元钱。70多岁的爷爷种着两亩地，粮食刚够自家吃。

麻喜娥告诉我们，县里干部和贫困户结对帮扶，帮他们种下了一亩核桃和一亩丹参。丹参明年成熟，年景好的话一年收入有 2000 多元，核桃五六年后才能进入盛果期。2012 年家里开始享受扶贫低保政策，每个月可以拿到 320 元钱补助。

小王洋是班上的学习委员。她说，上学期语文考了 95 分，数学 93 分。"我最喜欢数学。我的理想是考上最好的大学，当老师，教数学。"

爸爸永远离开，小王洋很伤心，但妈妈回家了，又让她很高兴。"妈妈回来真好。以前妈妈不在身边，很想她，打电话时总是跟妈妈说'快点回来'，妈妈就在电话那头要我好好学习。"说起妈妈，她的脸上露出笑容。

"家里收入这么少，如果妈妈又要出去打工挣钱怎么办？"我们问道。小王洋的神情顿时有些黯然，"我只想要妈妈陪在我身边。"

油房街小学校长孙忠厚告诉我们，全校现在只有 39 名学生，包括一年级、二年级和学前班，像王洋这样父母出去打工、家庭比较贫困的留守儿童，在学校里还有不少。家庭条件好一些的孩子，都随父母去了外地，或转到 5 千米外的镇中心小学。这个 1000 多人的大村中，在这里上学的学生越来越少。

"现在国家对农村教育很重视，老师工资按时发放，学生'两免一补'，从今年春天开始还有了营养午餐。山里娃娃在学校上课，不交一分钱，还能'赚钱'。"从事小学教育 37 年的孙忠厚说，"但农村留守儿童从小缺乏父母关爱、陪伴，给他们的教育、性格、心理健康等带来很多问题。学校在这方面是有心无力。"

商洛市扶贫开发局副局长李晓慧向记者提供了一组数据：商洛市留守儿童达 12.6 万人，占全市儿童总数的 23.3%；其中贫困户子女 5.5 万人，占全市儿童总数的 10.2%。"商洛市是劳务输出大市。留守儿童，特别是贫困家庭的留守儿童，迫切需要社会各界更多的关爱和帮助！"她说。

"好久没人牵我的手，好久没人摸我的头，冰凉的小手发烫的额头，生病是最想你们的时候……"这首令人心酸的歌曲，唱出了农村留守儿童心中的伤痛……据调查，我国有大约 5800 万农村留守儿童，超四成留守儿童的父母同时外出。其人生之路通常面临精神上缺乏父母关爱、物质上生活拮据贫苦的双重阻碍。

我们为小王洋等孩子的状况感到心酸、心疼。采访组和丹凤县扶贫开发局的工作人员，向油房街小学的 39 名孩子，赠送了新书包、文具盒、作业本、铅笔等文具，对小王洋等家庭贫困的学生给予了资助，并承诺继续关注他们的成长，尽力帮助他们改善生活和学习条件。我们由衷期盼，各级政府、教育部门、乡村学校和老师都能各尽其责，想方设法帮助千千万万留守儿童健康成长，有一个光明的未来。

（原文发表于《人民日报》2012 年 6 月 12 日第 5 版，版名《要闻》，作者：刘毅、白天亮、顾仲阳）

作者感言

这是 2012 年 6 月份的一篇关于教育扶贫的报道。留守儿童是时代之痛。沉默又懂事的小王洋令人怜爱，她郁郁寡欢的脸庞至今仍深深地印在我的脑海里。她跟随奶奶生活，有超过同龄人的成熟与自立，但跟所有的儿童一样盼望父母的呵护，最大的愿望是希望妈妈陪在她身边。在我脑海里挥之不去的，还有油房街小学的小朋友接到我们赠送的学习用品时发自肺腑的欢笑。去学校采访时适逢儿童节，我们给孩子们带去了礼物，而他们的父母基本上都在外打工，没法在身边给他们礼物。

面对留守儿童，我们这个社会需要做的很多。面对留守儿童，作为记者，我能做的非常有限。希望我们全社会都能重视留守儿童问题，合力为他们的健康成长创造一个更好的环境。祝愿留守儿童们，穷人的孩子早当家，通过努力改变命运！

挖除险根，走向富裕

——秦巴山区陕南地区的移民工程采访纪实

摆脱双威胁，迁走为上策

北出秦岭，南向巴山，车行陕西省商洛市秦巴山区乡村公路。路边不时遇到的滑坡体，像青山身上的一块块伤痕，提醒我们，这里的生态极其脆弱。

秦岭是我国南北分界线。山大沟深，土瘠地薄，不少山区群众长期生活在贫困线边缘。按照 2010 年农民人均纯收入 2500 元的陕西省新扶贫标准，仅商洛地区农村贫困发生率就高达 44.8%。而冷暖气流经常性在此剧烈交汇对流，又造成大量山洪和山体崩塌、泥石流等地质灾害，陕南地区平均三年半就会发一次大洪灾。

叶克勤，是商洛市山阳县银花镇叶家湾村二组农民。老叶尽管像他的名字那样克勤克俭，但他家的 2 亩多地，一年到头只能提供八九百斤口粮，勉强解决温饱，几乎没有现金收入。老叶更担心的还是屋后已经暴发过一次、随时可能再次"发作"的山体滑坡，"好不容易盖好的房，会不会哪天又被毁了？"

灾害频发，使这里的扶贫陷入"辛苦三年脱贫、一场灾害返贫"的困境。要想除穷根，必须彻底挖掉险根。陕西省统一认识，下决心启动了中华人民共和国成立以来最大的移民工程——陕南移民搬迁工程。

丹凤县竹林关镇通往石槽沟大山深处的山路，又在翻修。竹林关镇党委书记周丹华说："这条好不容易修通的山路，几乎每年都要因为地

陕西省丹凤县竹林关镇通往石槽沟大山深处的山路几乎每年都要因为地质灾害需要维修

质灾害再次维修，资金投入就像个无底洞！必须把人彻底搬出来，否则，扶贫资金投入再多、房子建得再好，也没有大用！"

陕西省经过反复研究论证，2010年末通过了《陕南地区移民搬迁安置总体规划》，计划在2011到2020年间，从陕南地区汉中、安康、商洛3市的28个县（区）搬迁240万人，从根本上解决这些群众受地质灾害和贫困双重威胁的问题。

搬出新天地，移来好日子

移民搬迁规划实施一年后，商洛市山阳县高坝店镇高坝街村周安组的刘时兴，就住进了安置小区一套崭新的两居室，儿子在此成婚，一家人双喜临门。

"跟搬迁前比真是天上人间！楼下不远处就是社区服务中心，办什么事都方便得很，没有物业费，吃水不掏钱，支出没有明显增加。感谢政府给我们办了一件大实事、大好事！"站在新房窗口，刘时兴还能依稀看到对面山脚下被2010年夏天那场洪水一冲而垮的旧土房。

小区全面建成后，将安置1000多户移民搬迁户，到时候高坝店镇镇区人口将翻番。高坝街村支书刘时来非常欢迎搬迁安置，"人气聚起来了，财气也会旺起来。"喜迁新居后，老刘平时的主要精力花在了照看楼下的小杂货店生意上，营业半年来，已经挣了1万多元。

丹凤县竹林关镇长炼村农民王海民对移民搬迁一度心情复杂。搬迁前，他在村里开了个摩托车修理铺，一天从早忙到晚，勉强维持生计。但2010年那场洪水，冲走了修理铺，一家人不得不搬。政府补贴，贴息贷款，亲友拆借，好不容易凑齐了房款，王海民成了村里头一批搬迁户，安置在风景如画的丹凤县桃花谷水土保持科技示范园里。

靠山吃山，政府引导他们发展农家乐，"雨露计划"免费培训怎么做菜、怎么经营，夫妻俩干得有模有样。"日子比原来过得好多了。"媳妇彭吉珍爽朗地笑着说。

截至 2012 年 4 月底，商洛市实施陕南移民搬迁 16721 户 67797 人，完成年度任务的 104.5%。

摸着石头过河，信心越来越足

移民搬迁是一项复杂的系统工程，不仅要搬得出、稳得住，而且要能发展、可致富，这对积贫积弱的陕南地区而言，挑战不小。

搬迁补助资金难题首当其冲。省里出 50%，市里分担 12.5%，县里承担 37.5%。但陕南地区贫困县财政基本上都主要依靠转移支付，配套压力可想而知。山阳县扶贫开发局李晓青局长介绍，现在县里分散安置户每户补贴 3 万元，集中安置户户均补贴 5.5 万元，县里已尽全力，但安置房 1 平方米价格近 1000 元，群众特别是贫困户搬迁难度还是很大。

采访中，商洛各级干部都反映资金难题，恳请中央进一步加大对商洛这个限制发展区的支持。好消息是，从 2013 年开始，搬迁财政补助资金将由省里统筹解决。

最大的挑战还在于搬出来后，怎样尽快让农民增收致富。

商洛市连片贫困，各县基本上都没有形成竞争力强的产业。底子不好，更需努力。丹凤县扶贫开发局局长李乾富介绍说，县里的自然条件非常适合养鸡，这几年着力把养鸡产业发展成扶贫主导产业。

丹凤县华茂牧业科技发展有限责任公司是强力龙头。"华茂公司统一提供鸡苗、饲料，统一回收，保证养一只鸡农户纯利润不低于 1 元，这对于我们太合适了！"丹凤县土门镇黑沟村三组农民柯友军的一个养鸡大棚每年纯利五六万元。丹凤县扶贫开发局副局长张建民说，政府采取了扶贫贴息贷款、头一年代交地租等鼓励政策，目前全县已发展这种模式的农户养鸡棚 465 个，棚均年纯收入超过 5 万元。

但这样的扶贫富民支柱产业在商洛目前还不多。"怎样让搬迁农民快速富起来是最难的，应该进一步加大对产业扶贫的支持力度，花这钱是值得的。"丹凤县副县长寇红有说。商洛市扶贫开发局局长彭学章介绍，各地正因地制宜，为搬迁农户提供更多的就业增收机会：在农村加大劳务输出，加快发展核桃、中药材、农家乐等特色产业，在城镇增加园区、商贸物流等领域的就业岗位。

干了 17 年扶贫工作的彭学章信心越来越足："投入越来越大，项目越来越合理，减贫效果越来越好。"丹凤县委副书记赵新华也说："这几年政策越来越好，只要肯吃苦耐劳，搬迁农户发展机会越来越多，生活也会越来越好。"

（原文发表于《人民日报》2012年7月7日第5版，版名《要闻》，作者：顾仲阳、白天亮、刘毅）

作者感言

2012 年的这次采访碰到了我从业以来的第一次晕车，盘山过秦岭，路上看书打发时间，差点被车子绕晕，原因在于这路太长太险。为了跳出"辛苦三年脱贫、一场灾害返贫"的困境，陕西启动了中华人民共和国成立以来最大的移民工程——陕南移民搬迁工程，彻底挖掉险根，才能挖掉穷根。搬迁只是手段，致富才是目的。本文讲述了在挖掉险根和穷根过程中，陕南各地的探索和困惑。

别让疾病吞噬希望

——陕西商洛贫困地区的医疗扶贫采访纪实

穷困地区的村民里，最穷的是哪些？"因病致贫的家庭是最难的，连我们这些干扶贫的人都发愁。"商洛市扶贫开发局局长、干了17年扶贫的彭学章，深深感叹。

小雅婷生在商洛市山阳县十里铺乡磨沟里村，快10个月了，她的体重只有14斤，离正常值18斤差了不少。医生说她"营养不良"，奶奶很无奈，想让孙女多喝些奶、每天吃个鸡蛋，但家里只要有一点现金，都得拿去给爷爷治病。

雅婷的爷爷，61岁的杨有柱，2011年查出食道癌，刚做完手术，正在化疗。手术花去11万元，化疗一次1万多元，医生说至少要4次。新农合报了4万元，民政救助7000多元，已是全乡最好的待遇。即便这样，还是要到处借钱，家里已欠了8万元外债。"医生说化疗效果挺好，让我一定坚持。可是没钱呀，有多少钱就化疗几次吧。"

病人需要营养，孩子需要营养。但这个家庭的收入来源，只有雅婷爸爸在外打工的每月不到2000元，以及家中一亩玉米地。

这个家庭在村里原本算得上中等户。两个青壮劳力出去务工，一年收入2万多，两个老人在家种田，够自己口粮，再养一头猪、几只鸡，脱贫有希望。现在，家里出了重病人，什么都不能想了。小雅婷头软软地搭在奶奶肩上，黄瘦的小脸上，眼睛显得格外大。

因病致贫、因病返贫，在贫困山区很普遍。十里铺乡党委副书记杨小平说，仅2011年，2000多名村民的磨沟里村，申请大病救助的家庭有40多个，这些家庭也成为扶贫工作最难啃的"硬骨头"。

按照陕西省2010年农民人均纯收入2500元的新扶贫标准，商洛农村贫困面接近50%。近两年，商洛高速路通到了各个县城，经济增长迅猛，虽然仍属于贫困地区，但贫困深度较从前已有所改善。探究贫困的原因，80%的家庭集中在家里有病人、受了灾、要供养大学生这三个方面。

这其中，受了灾，可以采取一次性搬迁安置的方式解决，只要家里有健壮劳力，3~5年不难脱贫；供养大学生，4年是期限，其后则有望给家庭带来根本性改变；唯有因病致贫，好比一个无底洞，吞噬着脱贫的希望。

65岁的张宽喜是商洛市丹凤县商镇麻池村扶贫低保户，患冠心病及哮喘，过去两年多住了12回医院。"其实也不是每次都必须住院，但只有住院才能多报销些医药费，门诊开药基本要自己花钱，实在掏不起。"

冠心病是慢性病，需长期服药。"看病吃药，家里欠了六七万块钱。我现在什么活儿也干不了，就靠老伴儿种二分玉米地、养几只鸡，还有政府每月发的55块养老钱、99元低保钱，真不知道什么时候是个头。"张宽喜躺在家门口的长椅上，掩面叹息。

"你们看，他每天都要吃这么多药。"老伴拎来一个塑料袋，里边有9种药，其中5种专治心脏病，另外4种治疗其他疾病。"一个月光吃药就要500块钱。"老伴儿说，为了看病，她向附近的亲戚借钱都借遍了，别人估计她最终还不上，已不愿再借。最近一次，她是到宁夏向一位远亲借的钱。

重病、慢性病，对多数家庭都是不小的负担。而在贫困地区，则常会彻底打垮一个家庭，使其越来越穷。杨有柱和张宽喜，都享受了新农合报销以及民政救助，但相比庞大的医疗支出，仍然负担不起。这里的农民，遇到大病多数会去西安求治，他们一方面很感激有了"新农合"，另一方面也羡慕城里人医保报销得多，封顶线能高出好几倍。据了解，当地目前新农合统筹基金支付的封顶线在 5 万元左右，具体的住院报销比例和额度，与所选医院相关，如果在县医院治疗，住院能报 70%，如果去西安的三甲医院，住院只能报 50%。"不是农民光想去西安，是得了这类病，县里的医院多数看不了。"他们期盼，新农合的报销比例能再多些，统筹基金最高支付限额能再提高些，特别是当地一些多发的大病如胃癌、食道癌等能有专门的大病保障，给因病致贫的家庭多一些希望！

（原文发表于《人民日报》2012年7月9日第5版，版名《要闻》，作者：白天亮、顾仲阳、刘毅）

作者感言

回想起 2012 年的这次采访，瘦弱的小雅婷又出现在我的脑海。看着这么多乡亲因病致贫，苦苦跟贫穷和疾病作斗争，采访下来感觉很难受，最大的愿望就是呼吁尽快完善健康扶贫政策，别让疾病吞噬生活的希望。随着健康扶贫政策不断加力，大病集中救治，慢病签约服务管理，重病兜底保障，如今因病致贫、返贫问题得到了极大缓解。

"贫困死角"不是被遗忘的角落

——云南昭通高山贫困村采访纪实

地处偏远高山，深度贫困村成为"贫困死角"

从乡政府出发，绕着盘山土路，经过1个多小时的颠簸，记者来到云南省昭通市大关县上高桥回族彝族苗族乡大寨村。这是个深度贫困村，3300多名群众散居于全县第二高的梁子——牛角湾梁子。

小雨过后的村路，坑坑洼洼积了不少水。记者深一脚浅一脚地走访了寨子和碉上两个村民小组。这里人均收入不足1000元，绝大多数农户住的是破旧的土墙茅草房，一年到头，养几头猪、几只鸡，种点土豆、玉米，勉强解决温饱。寨子村民小组72岁的苗族老人张定清一家三口，人畜混居，茅草房一角是猪圈，一角堆着土豆，不少已发芽，大白天屋里都黑漆漆的，用不起电。

云南省昭通市大关县上高桥回族彝族苗族乡大寨村苗族老人张定清蜷缩在黑漆漆的屋子一角

带着沉重的心情，记者迤逦来到昭通市鲁甸县小寨乡梨园村龙井村民小组。乍听名字，诗画般让人沉醉。从小寨乡出发，硬化路、石子路、土路、山路，坐车、步行、半走半爬，好不容易到了之后，看到的是：路不通，水靠挑，土墙房……王祥武一家就住在这风景如画的半山上。

5 口之家种地加打工的收入，拢在一起，就是 6000 元。"开口"运动鞋，窟窿运动服，村民王祥武有点不堪重负。大儿子刚上大学，二儿子在读高中，小儿子在读小学。"处处都要花钱，可地里的收入就这么多。承包地里种的苞谷，仅够全家吃半年，剩下的半年粮食就得去买。吃穿都是问题，很恼火呀！"

像大寨、梨园这样的高山深度贫困村，在昭通，在云南，在全国都为数不少。鲁甸县副县长庄清海介绍，全县有 7 万多高山贫困人口，占农村人口总数的 20% 多。大关县扶贫办主任陈新明说，那些高山贫困村，地处偏远，居住分散，群众生产生活条件恶劣，贫困面广，贫困程度深，很多村庄扶贫项目还未覆盖，是名副其实的"贫困死角"。

全面建设小康社会，实现共同富裕，这些"贫困死角"，不能成为被遗忘的角落。

跳出穷窝谋发展，面临很多现实困难

"贫困死角"如何除？理论上讲，异地搬迁扶贫是比较好的选择，它比基础设施和公共服务覆盖那些"贫困死角"更经济，而且能大幅改善贫困群众的生产生活条件，为他们脱贫致富提供更好的基础。但是，异地搬迁扶贫也面临着很多现实的困难。

"没钱拿什么来搬，也没地可以搬。"大关县常务副县长杨德琳介绍，2011 年，全县地方财政收入 6733 万元，人均只有 245 元；县内山高坡陡，沟壑纵横，连一个面积超过 1 平方千米的坝子都没有，1982 年以后，绝大多数农村已无地可分。鲁甸县扶贫办主任黄国礼说，为支持异地搬迁，县里整合了扶贫搬迁和危房改造等资金，平均 1 户可以获得三四万元补助，但这些钱盖新房远远不够。"如果没有好的扶贫产业及时跟上，搬迁反而会增加群众的经济负担，加重贫困。"

云南省昭通市大关县上高桥回族彝族苗族乡大寨村到处都是破旧的土墙茅草房

在庄清海看来，动员和支持高山贫困户出去打工，是眼下比较现实的出路，县里为此出台了一系列支持措施。但这条路也有不少绊脚石。

王祥武很想出去打工，但受累于村里的交通条件，他的打工之路并不畅通。"干什么农活都需要肩挑背扛，老婆吃不消，我就走不远。但带着老婆一起出去打工，读小学的小儿子又没人照顾。"无奈之下，他只能利用农闲就近打工，一年挣个三五千元补贴家用。尽管打工路不好走，但龙井村的村民同王祥武一样，还是坚定地在附近打短工，补贴家用。

路，是大难题。王祥武家上面的山梁子里，还有龙井村的4个村民小组，没有路，只有陡峭的山道。杨德琳说："如果修土路，1千米需要20万元以上。若修毛路（指铺石子的路），1千米需要40万元；要是硬化路，1千米需要100万元，修不起呀！"

龙井村村民小组长王祥福说，2011年政府帮助村子里每户通上了自来水，可是水源地都干了，村子里只用了2个多月的自来水，就没指望了。看着王祥武家门口新装的自来水管，王祥福说："不知什么时候，这水管里再来水呀？"

让贫困村民有路走，有水吃，政府在想办法。目前，云南省财政对村级公路每千米投入30万元，需要县里配套10万元。水源地的补水和蓄水工程也在进行。"贫困死角"需要突破，龙井村的村民在巴望着。

（原文发表于《人民日报》2012年7月12日第5版，作者：高云才、顾仲阳）

作者感言

这是我一次印象非常深刻的扶贫采访。主要原因有两条：其一是震撼，其二是遗憾。

张定清老人一辈子都没见过 100 元人民币，这让我震撼。当老人接过我们捐给他的钱时，他的眼神让人非常看不懂。随行的村民小组组长给他解释，这是 100 元的人民币，一张就能买好多盐巴。小组长告诉我们，老人 72 岁了，还从没见过 100 元这么大面值的钱。

文章没体现张定清老人的心声，留下了无法弥补的遗憾。由于房子没有立足之地，老人也不会说汉语，所以我没能和他直接交流，转而采访了别的贫困户。此文只描写了张定清老人的深度贫困状态，没体现他的心声。2016 年 2 月，我回访大寨村，很想弥补上次的遗憾，但张定清老人已经过世。

这件事给我挺大的触动：不远千里，翻山越岭，这么费劲地来采访一趟，面对如此的深度贫困，我却错失了一次深度采访的机会。而这样的采访机会，在追求快节奏、高效率的当下非常难得。不走进贫困户的内心世界，不零距离倾听他们的心声，怎么更好地新闻扶贫？自那以后，我非常珍惜每次采访机会，每次都尽可能多地倾听采访对象的心声。

"贫困死角"，"活"起来

——四年之后再访云南省昭通市大关县

大白天，云南省昭通市大关县上高桥回族彝族苗族乡大寨村农民张定清老人，一动不动地蜷缩在黑漆漆的茅草房一角，边上就是臭烘烘的猪圈，另一角堆着他的口粮——发了芽的土豆……这是 2012 年记者采访时见到的深度贫困。采访后，记者满怀感情地写了《"贫困死角"不是被遗忘的角落》一文。如今，这个 "贫困死角"怎样了？

茅草房、人畜混居成历史，养黄牛带来脱贫希望

记者至今都记得，2012 年去采访时一路的艰辛。那是 7 月的雨后，驱车沿着泥泞的土路一路颠簸，盘山而上，随时都有滑下山崖的危险，中间还遭遇了滑坡泥石阻路。最后，深一脚浅一脚地步行，终于到了大寨村所在的海拔 2200 米的牛角湾梁子。

除了偏远、交通不便，这里的深度贫困，也让长期从事扶贫报道的记者感到震撼。碉上和寨子两个村民小组 92 户 381 个苗族群众，守着贫瘠的 360 亩耕地和 1000 亩林地，主要靠种点玉米、洋芋勉强维持温饱，靠养几头猪、几只鸡挣点活钱，2011 年人均纯收入不到 1000 元。

"就在你们走后不久，2012 年 9 月 7 日，我们这里就发生了地震，很多房子都倒了，很多成了危房。"张寿才还是那口生硬的普通话，好不容易听懂后，记者的心一下子沉重了起来。"幸好，地震后政府在村里实施了扶贫安居项目。"

岁末，寒潮来袭，大寨村也结起了冰，下起了雪。"以前要是遇上这么冷的天，因为茅草房墙开裂，屋顶漏，透风很厉害，屋子里烤火还冷得很。现在住上了楼房，好多了。"村民王顺才说。

大寨村村委会主任卯昌贵说，现在的碉上和寨子，几乎家家都住上了安全的好房子，人畜混居彻底成为了历史。通水、通电……苗寨群众生产生活条件发生了很大的变化。

脱贫产业发展如何？卯昌贵说，务工经济是村民们最大的收入来源，县里很重视劳务输出工作，全村60%的劳动力都外出打工了。扶贫特色产业也开始起步。村里成立了黄牛养殖专业合作社，目前已有三四十户入社，养一头黄牛能挣3000多元。

为了解决贫困农户没有启动资金的问题，2015年爱心企业捐款，县畜牧局在村里开展了"小母牛扶贫"：给142户贫困户每户5200元买头小母牛，2年后母牛产

危房改造后的云南省大关县上高桥乡大寨村村貌一新

下幼仔，该贫困户把5200元的启动资金传递给下一个贫困户，如此滚动。

张寿才就是"小母牛扶贫"的受益者。2015年他养了4头黄牛，卖了两头，挣了7000多元。黄牛是他家脱贫致富的最大希望，他格外珍惜。寒潮来袭后，天寒地冻，他便把黄牛关回圈里，利用夏天贮备下来的干草精心打理它们的"生活起居"。

基础设施还是很"恼火"，生态环境依然脆弱

"去年,全村人均纯收入只有2500元,建档立卡贫困人口1550人。"卯

昌贵告诉记者，村民们要实现脱贫致富，困难还不小。

"基础设施还是很'恼火'"，卯昌贵说，和 2012 年相比，村里到乡里的路没什么变化，村里的路，只有部分路段进行了硬化。由于海拔高，村里还不通自来水，村民们喝的是未经任何处理的水窖水，饮水安全还是个问题。全村还有 7 个村民小组没进行农网改造，经常会停电。

生态环境脆弱，是大寨村脱贫的又一大瓶颈。土地贫瘠，植被生长慢，山上以灌木为主。"我们这里一年有 4 个月需要取暖，贫困群众买不起煤，用不起电，只好砍柴烤火，这又加剧了植被破坏。"卯昌贵说，保护好生态环境，减少自然灾害，是下一步的一项重要工作。"准备请林业部门帮我们规划，多种一些适生树种，同时鼓励村民们种经济林，发展林下经济。"

危房改造前的云南省大关县大寨村苗寨

"基础设施不够好，生态环境脆弱，这是我们脱贫最头疼的事。"卯昌贵说，按照规划，村里 2019 年要脱贫摘帽，希望有关部门加大支持。

大寨村村民的期盼，正得到积极回应。大关县扶贫办副主任岳跃强介绍，2014 年开始，大关启动了"千村帮扶行动计划"，对全县所有贫困村分 3 批进行重点扶持，2015 年又开展了"领导挂乡、部门包村、干部帮户"工作。昭通市委办结对帮扶大寨村，目前已完成遍访贫困户、分析致贫原因等工作，下一步将开展针对性帮扶，力争早日精准脱贫。

（原文发表于《人民日报》2016年2月1日第17版，作者：顾仲阳）

作者感言

2012年头一次到访大寨村，这里的深度贫困，让长期从事扶贫报道的我都感到震撼。4年后回访，虽然大有变化，但这里的生态环境依然脆弱，产业培育起步不久，脱贫摘帽面临的困难与挑战还是不少。然而，办法总比困难多，相信在国家日益加力的精准扶贫好政策支持下，在各方鼎力帮扶下，当地干部群众撸起袖子加油干，大寨的深度贫困堡垒最终能被如期攻克。

有了这群羊，脱贫稳稳的

——内蒙古自治区鄂尔多斯市杭锦旗巴拉贡镇昌汉白村驻村纪实（一）

　　到内蒙古自治区鄂尔多斯市杭锦旗巴拉贡镇昌汉白村驻村第一天，村支书李大伟一见面就告诉记者，2016 年全村 38 户国家级贫困户全部在脱贫确认书上签了字，127 户市级贫困户全部增收 20% 以上，日子过得越来越好。

　　"5 年前，村里牛粪柴火满路堆，破墙烂瓦随处见，大多数村民手里没什么闲钱。你看现在，水泥路通到家门口，不少人家门口停着小轿车。"副村支书马占军开着车带着记者在村里转，边转边热情地介绍。

　　扎下来深入调查后发现，昌汉白村一个三口之家的贫困户，全年收入 3 万元问题不大，吃穿两不愁，住房安全、基本医疗和义务教育"三保障"也已实现。但昌汉白村真的已经稳定脱贫了吗？

　　"去年包地种葵花，花期雨水太大，葵花籽价格也掉到 2 元以下，不但没挣钱还赔了不少钱。"饭桌上，村民张海燕向记者诉苦。"现在什么都涨价，农产品怎么还掉价？玉米收购价从每斤 1 元多掉到了 7 毛多，加上每亩 200 元的生产者补贴，种玉米收入还是少了两成多。"正在田头春种的马利兵向记者抱怨。"今年到现在还没找到活干，打零工也越来越难了。"坐在炕头，郭建祥一个劲地猛抽烟。对稳定脱贫增收，大家有各种各样的忧虑。

"乡亲们稳定脱贫还面临不小的挑战，继续巩固脱贫成果，让乡亲们尽快致富，是下一阶段脱贫攻坚的重中之重。"巴拉贡镇党委书记刘志军认识清醒。

巴拉贡镇镇长巴音孟克说，实际上，这几年，为促进贫困群众稳定增收，镇里一直在想办法调整产业结构。脱贫攻坚战打响后，畜牧业相对发达的杭锦旗因地制宜，提出"以种促养、以养增收"，并出台出栏补贴政策，贫困户出栏一只羊补贴 100 元，最多可补贴 10 只，出栏一头生猪补贴 500 元。杭锦旗扶贫办主任白新田介绍，旗里引导多家龙头企业与全旗 2200 户养羊贫困户建起紧密的利益联结机制，带动他们稳定脱贫。

"养羊好啊，活轻省，挣钱多，我包地种玉米，养羊饲料够吃，现在有 50 只羊，下一步再留些羊羔，把养殖规模进一步扩大。"昌汉白村国家级贫困户白三子一边领着记者参观自家的棚圈，一边高兴地说："有了这群羊，脱贫稳稳的。"

2016 年，亿利资源集团有限公司和鄂尔多斯康园生态养殖有限责任公司各给白三子免费发放了 5 只基础母羊，产业扶贫项目帮他建起了棚圈和储草棚，当年白三子就靠养殖增收了 7500 元。

昌汉白村第一书记杨恒告诉记者，康园生态养殖公司还为白三子代交了 500 元股金，吸收进杭锦旗鑫源通养殖专业合作社，每年按股分红。

公司和合作社负责人康雷介绍，为最大程度保障贫困户的收益，给贫困户发放的基础母羊都是带羔的，当年每只母羊平均就能接羔 3.5 只，公司为每只基础母羊交了 16 元保险金，贫困户养殖后出栏的羊，公司以高于市场价 0.5 元 / 斤的价格回收。"防疫、销售等都是我们管，贫困户只要好好喂养，10 只基础母羊当年就能增收 1 万多元。"康雷说。

"有龙头企业这么给力的带动，现在村里贫困户家家都养羊，大家对养羊过上好日子的信心挺足的。"李大伟说，投母羊生羔羊，羊群逐步扩大，形成良性循环，输血式扶贫就成了造血式扶贫，全村稳定脱贫、逐步致富更有底气了。

（原文发表于《人民日报》2017年5月27日，作者：顾仲阳）

作者感言

这是一篇成就性的驻村报道，从中看得出精准扶贫在基层的落实情况，也看得出在各方合力大扶贫的推动下贫困群众脱贫的希望。

村里修了条更宽的路

——内蒙古自治区鄂尔多斯市杭锦旗巴拉贡镇昌汉白村驻村纪实（二）

黄河沿岸的内蒙古杭锦旗巴拉贡镇昌汉白村，这几年变化很大：自治区在农村牧区推行基本公共服务"十个全覆盖"，市里对贫困户进行易地扶贫搬迁和危房改造，现在村里已经看不到土坯房了，水泥路通到了家门口。

盖了房子修了路，但农特产品却一直卖不上价，村民们很是着急：肉价从每斤30元一度跌到15元，葵花籽从每斤5元多跌到不到2元，特甜葡萄4元一斤还不时滞销……路修好了，咋还富不起来？

昌汉白村共有832户、2218人，2016年全村还有贫困户165户。年轻的第一书记杨恒认为，昌汉白村脱贫少修了另外一条"路"：电商之路。

起初，不少村民不太看好杨恒的提议：寄、收快递都要到黄河对岸的巴彦淖尔市磴口县，电商离我们太远了，用它来扶贫能行吗？

在镇党委和政府的支持下，2016年国庆节，昌汉白村党支部电商扶贫服务中心成立，由杨恒牵头，具体推进电商平台建设。

一群门外汉不断摸索，先后注册了微信公众号、建立了红色农特微商城。"创建前期连工资都没有，身边不少人还质疑，微商城一度推倒重建，但我们最终克服了一个个困难。这条创业新路虽然很艰难，但乡亲们那一颗颗想改变贫困的心让我们坚持了下来。"回首电商平台建设历程，杨恒有感而发。

就这样，小乡村跟大市场挂上了钩。"村里引导我们种制酒葡萄，2016年我通过电商平台销售了500斤自酿葡萄酒，卖了7500元，比种粮食收入增加了好几倍。"贫困户贾树珍喜不自禁地说。

卖得更俏的不只是自酿红酒。"有订单要一头猪，赶紧联系村民收购。""你家红枣不错，我们帮你销售吧，每斤贵1元钱。""以后你养的红公鸡我们包销，每只多给你20元，一年也能增加好几百元收入呢。"……电商扶贫服务中心开张后，营销部部长张海燕忙得不可开交，中心的团队成员随时都会留意帮贫困户解决销售难题。

成立没几个月，村里的电商平台销售额已达8万元。目前，所有贫困户的收入水平已经超过贫困线。

在脱贫攻坚的道路上，昌汉白村的电商平台不只是"买买卖卖"那么简单，它俨然成为村里的人才市场和便民服务中心。

贫困户朱占彪的儿子朱庭2016年退伍后一直没找到合适的工作，得知电商扶贫服务中心能给推荐就业，他主动报了名。如今，他在内蒙古终点物流有限公司做市场推广，月薪3000多元，全家顺利脱贫；通过与快递公司、通信公司、医院、银行等开展业务合作，电商扶贫服务中心逐渐承担起便民服务事项。办理新农合报销的贫困户郭银说："以前要坐车到160多公里外的杭锦旗去报销，来回得两天，现在在家门口十分钟就能办好。"

内蒙古杭锦旗巴拉贡镇昌汉白村的电商扶贫中心在村里的脱贫攻坚战中发挥了重要作用

一头连接新型经营主体，一头连接贫困群众，杨恒坦言，电商扶贫服务中心以盘活农产品销售为核心，并且引导龙头企业、合作社与贫困户建立紧密的利益联结机制，让农户分享更多的增值收益，更快脱贫致富。

（原文发表于《人民日报》2017 年 5 月 26 日第 1 版，作者：顾仲阳）

作者感言

　　昌汉白村的电商扶贫做得很实，电商扶贫服务中心在帮助贫困群众缓解农产品销售难、方便群众办事等方面发挥了重要作用。电商能消除时空阻隔，化解贫困地区交通不便等劣势，让贫困地区的特色农产品卖得更远、更俏，也能为贫困地区在电子政务等方面弯道超车提供可能。因此，电商是贫困地区加快发展的一条更宽广的路。

种啥能稳定脱贫

——内蒙古自治区鄂尔多斯市杭锦旗巴拉贡镇昌汉白村驻村纪实（三）

虽已6月，但春耕仍在内蒙古自治区鄂尔多斯市杭锦旗巴拉贡镇继续。这里，引黄河水浇地春耕基本结束，牧区旱地渐次展开。但河滩地要到6月中旬才开种。近1900平方千米的巴拉贡镇土地上，春耕要持续1个多月。

2016年巴拉贡镇还有744户贫困户，其中昌汉白村有165户。脱贫致富，土地增金对乡亲们很重要，种什么是个大问题。

昌汉白村村民张海燕2017年还是种制种玉米。给公司订单种植，亩产保底800斤，2016年收购价每斤2元出头，加上每亩200元的生产者补贴，亩产值1800多元，比种普通玉米高50%以上。镇党委副书记张勇亮介绍，这几年，巴拉贡镇农民种制种玉米的越来越多，2016年全镇种植规模达到了1.2万亩，占全部耕地面积的1/5多。

正常年份，种制种玉米每亩能有1000多元的纯收入，看起来还不错，贫困群众能否多种一些，更稳定脱贫呢？

"老把式"昌汉白村村委会主任刘密成告诉记者，种制种玉米有很多限制条件，地要肥，灌溉条件要好，村民还要"一致行动"。为了防止和普通玉米互相交叉传粉，制种玉米必须连片种植，还需打隔离带，所以必须承包地连片的农户集体种植才行，有个别农户不愿种，其他人想种也种不成。

种制种玉米风险也不小。违约风险最坑农。在巴拉贡镇推行订单制种玉米的公司和经纪人还不少，春耕时节还会互相争抢农民签订单，竞争比较激烈，但一碰到市场行情不好时跑路违约现象时有发生。提起这个，昌汉白村贫困户白三子就来气。2013 年他就被经纪人坑了 1.8 万元。后来，被坑农民集体起诉至法院，胜诉后法院根本没法执行，最后只能把种子判给农民，白三子 8000 多斤的制种玉米只能自己留着种，剩下的喂羊，因为淀粉含量不高，羊吃了，用处也不大。

自然灾害风险也不小。巴拉贡镇风灾、雹灾比较常见，2016 年就遭了雹灾，制种玉米普遍减产一半以上，虽然上了政策性保险，但每亩 4.5 元的保费，只能减少一二十元的损失，根本起不了什么作用。

村民马利兵 2017 年决定还是种普通玉米。正顶着大风在地里播种的他，掏出一把蓝色的玉米种子告诉记者，这一粒种子就得 1 毛多钱，确实贵，但他今年还是不种制种玉米。普通玉米虽然价格低点，但不愁销路。2016 年收购价平均每斤 8 毛不到，扣除包地、农资等成本，加上生产者补贴，每亩净收入五六百元，他包了 50 多亩地，收入 3 万来元。靠着这个，他 2016 年脱了贫。谈起下一步的增收计划，老马摇摇头，除了继续种玉米外，他也想不出有什么更好的东西可以种了。

除了玉米，巴拉贡镇农民还种葵花。这里出产的葵花籽品质不错，但收成不稳定，风险还是主要来自市场价格波动和天气影响两方面。前几年葵花籽收购价格一度超过 5 元一斤，每亩毛收入能达 2000 元，但 2016 年一下子掉到了 1.7 元一斤。"我

顾仲阳（左二）顶着大风在田间地头采访正在春耕的昌汉白村村民

们这里的人既盼下雨，又怕雨下得不是时候。"张海燕 2016 年承租了 30 多亩河滩地种葵花，该出苗时赶上黄河发水，种了两遍，出苗率都很低，花期又赶上雨水太大，影响授粉结籽，结果收成都不够种子钱。

昌汉白村人均耕地不足 3 亩，要增加种植收入，必须在调整产业结构上多做文章。种果蔬是个方向，但面临销售和灌溉两大瓶颈。很多贫困户告诉记者，这里的西瓜、葡萄等水果品质不错，如果有龙头企业带动，销路不愁，愿意跟着种。但当地目前基本没有实力较强的龙头企业，引进的几个业主，基本上属于家庭农场式经营，带动农户能力比较有限。如果种蔬菜，现在的引黄灌溉还不行，必须再打机井，保障灌溉，而散户多数显然不具备这个投资能力。昌汉白村的农民，都想从这有限的土地里多刨点食，但如果没有强有力的龙头企业带动，调整种植结构增加收入这条路会很艰难。

在到底种什么才能稳定脱贫的困惑中，乡亲们又开始了年复一年的耕种。农民盼望今年风调雨顺，"苦耕春前片片土，笑采秋后粒粒珠"。

（原文发表于《人民日报》2017 年 6 月 4 日第 10 版，作者：顾仲阳）

作者感言

不同于很多成就性的驻村报道，这是一篇纯粹问题导向的报道，文章写出了春耕前夕贫困群众对"种什么能有好收成，能脱贫"的困惑，这也是全国很多贫困地区很多贫困群众共同的困惑，读来很引人深思，对做好产业扶贫工作也有一定的启示意义。

这份合同"走"了 14 天

——内蒙古自治区鄂尔多斯市杭锦旗巴拉贡镇昌汉白村驻村纪实（四）

"土地是农民的命根，发包过程一波三折，真不容易！"签约仪式结束，村支书李大伟长舒一口气。

把撂荒 5 年的 2000 亩集体土地发包，对内蒙古鄂尔多斯杭锦旗巴拉贡镇昌汉白村而言，绝对是大事。"这几年，玉米收购价 1 斤掉了 3 毛多，葵花籽收购价格像坐过山车，打零工越来越难找，怎么才能多挣点钱？"贫困户韩双蛇道出了大家的困惑。引导农民调整种植结构，闯出一条能稳定脱贫增收的路子，是昌汉白村的扶贫工作重点。

经过前期沟通，一个有意向承包的业主——内蒙古嘉福峻农牧业开发有限公司提出承包 30 年，种葡萄和板蓝根。另一个想承包的业主姓严，同意承包到 2028 年，种葵花。两家承包费出价基本一样，发包给哪家更合适？

村级班子先议了议，意见不太统一。原村支书马宽亮认为，承包 30 年期限太长，支持发包给严老板。更多村支"三委"委员倾向于承包给嘉福峻公司。"之前，村集体带领大家示范种了 80 亩制酒葡萄，自酿葡萄酒在电商平台上很受欢迎。剪枝采收等活需要大量劳动力，村里上了年纪的都可以打工。"李大伟表态。"种板蓝根比种葵花强多了，附近的吉日嘎朗图镇就种得不错。"村主任刘密成说。

李大伟建议，大家回去征求村民意见，同时让老板们提出具体承包方案，过来面对面沟通，然后村里走程序决定到底选哪家。

根据约定，5月9日晚，嘉福峻公司负责人尚玫志赶来，跟村里"三委"委员沟通。严老板没来，退出竞包。村务监督委员会委员乔双开，说出了村民们的集中意见：发包到2028年，第二轮土地承包期届满，2028年后村集体拿土地入股。尚玫志回应，需回去开董事会商定。

10日晚，村里召集"三委"委员和部分村民代表开会，征求大家对把集体土地承包给公司的想法。你一言我一语，最后一致同意村民集中意见。会后，刘密成向尚玫志反馈，各生产社社长回去充分征求村民意见。

尚玫志那边很快反馈，接受村里条件，但征求意见过程中，有些村民不干了。

12日，村里召开村民代表大会。温为亮、徐宝等代表提出，有些村民特别是第二轮土地承包中没分到地的代管户，反对把集体土地发包给业主，要求直接承包给村民种，理由是：2028年后新一轮土地承包，代管户应该也能分地；之前村集体已经发包了800多亩土地给村民种。

"村集体有地，凭什么不流转给我们还要对外发包？""人均不到3亩地，集体土地应该流转给村民种！""分给村民，没灌溉条件，还不照样撂荒？"……嗓门一个比一个大，长时间讨论后，表决开始。实到26位村民代表，12人认为应先按第二轮土地承包方式将集体土地流转到户，再发给公司经营，这就意味着代管户分不到发包收益；8位代表认为土地发包收益应按实有人口提留，扩大到代管户。大家存在较大分歧，决定会后继续征求各方意见。

13日，村民代表大会形成了比较统一的意见：将集体土地先流转到户，流转后如何让土地不撂荒，各社回去开会征求社员意见。村民比较集中的意见是：撂荒地需要打深井，一家一户没这个能力，流转到生产社，大家联手就能解决灌溉难题。但前期土地改良等投入太大，同意发包公司经营。

15 日，村民代表大会决定：村集体土地流转到 13 个生产社，生产社再发包给嘉福峻公司经营到 2028 年，土地承包费由各社自行决定怎么使用，代管户也享有收益权。

之后，村里又开会，确定了 2000 亩土地流转到各社的亩数，5 月 20 日和 22 日，嘉福峻公司分别与村集体和 13 个生产社签订土地承包合同。

大会小会开了十来个，撂荒多年的 2000 亩土地，终于迎来"春耕"，昌汉白村村民又一条稳定脱贫增收路徐徐铺开。

（原文发表于《人民日报》2017 年 6 月 8 日第 3 版，作者：顾仲阳）

作者感言

这是我驻村期间促成村里办成的一件实事。将村里撂荒 5 年的 2000 亩集体土地承包给龙头企业，这将每年为村集体增加 10 万元收入，提供 100 多人的打工机会，同时示范带动村民调整种植结构，让黄土更生金。

但，好事办好，真心不易。前后 14 天，大会小会开了十来场，一度濒临流产。因为在第二轮土地承包中没分到地的"户口代管户"要求承包集体土地，还有部分村民对村集体发包土地缺乏信心。最终村里充分发扬民主，先把集体土地流转到 13 个生产社，再由各生产社自行决定是否发包给该龙头企业。

虽然最终都成功发包，但曲折历程也让我明白，农村远比我们想象的复杂，精准扶贫、精准脱贫更是不易。因此，只有身近心也近，才能更好地了解乡土中国，才能更好地进行新闻扶贫。

驻村三记

——内蒙古自治区鄂尔多斯市杭锦旗巴拉贡镇昌汉白村驻村纪实（五）

5月3日 大风

他们为什么贫困？

在我走访的贫困户中，几乎每家都有病人，全村因病致贫率超过八成。鄂尔多斯市出台了一系列医疗扶贫举措，但整休上贫困户的医疗支出还是偏重。

调研精准扶贫，自然先要精准识别贫困原因。

巴拉贡镇位于鄂尔多斯市最穷的杭锦旗的西北部，昌汉白村位于巴拉贡镇的西北部。"西北的西北"，至今仍戴着明显的贫穷标签。

鄂尔多斯市的贫困人口分为两类：一类是国家级贫困户，另一类是市级贫困户，以低于该市农村牧区低保线4968元（2015年）为收入标准。昌汉白村常住人口475户1580人，人均耕地不足3亩，以种植玉米和葵花为主，养羊和打工是村民其他主要收入来源。2016年全村共有贫困户165户，其中国家级贫困户38户、市级贫困户127户。

这里的贫困户是怎样的生产生活状态？他们为什么贫困？如何脱贫？

驻村期间，我一有空就入户，七社代玉飞家的贫困状况在昌汉白村挺有代表性。

顾仲阳下厨做菜，与贫困户同吃

顾仲阳（右一）入户访贫问苦

一张旧床、一张旧桌，崭新的易地扶贫搬迁新房里，没有一件像样的东西。代玉飞是 2016 年精准识别工作"回头看"后递补上去的国家级贫困户。"全村总共 38 个国家级贫困户指标，实际上不够用，代玉飞家更贫困，所以递补了上去。"帮扶代玉飞的第一书记杨恒解释道。

代玉飞的老婆王二仙患有精神疾患、高血压、脑梗，多病缠身的她基本没有劳动能力。代玉飞自己也患有脑梗和前列腺病，夫妻俩一年下来看病吃药需要自费 6000 多元。

在我走访的贫困户中，几乎每家都有病人，昌汉白全村因病致贫率超过八成。"老伴这两天又去旗里看病了，我自己前年做了血管瘤手术。每年辛辛苦苦挣个两三万元，看病就得花 1 万多。"三社的白三子掀起上衣，露出肚子上一道深深的手术伤疤，也促使我更深入了解因病致贫的"病根"。

记者采访了解到，虽然鄂尔多斯市出台了一系列医疗扶贫举措，但整体上贫困户的医疗支出还是偏重。这一方面是政策层面整合不够、针对性有待提高，另一个重要原因是，地广人稀，贫困户平时有个头疼脑热，习惯在赤脚医生、村里药店看病、买药，很多没发票，费用报销不了。

除了因病，代玉飞家还因学致贫。女儿在呼和浩特上大学，一年生活费得 1 万多元。虽然教育扶贫补助、雨露计划补贴等好政策，基本上让昌汉白村的寒家子弟不再因贫失学，但不小的生活费开支，还是很多贫困家庭中一项沉甸甸的负担。

看完支出，看收入。2015 年代玉飞一家收入构成中，打零工是最大来源。矮小瘦弱的他靠在建筑工地做技工，挣了 1.6 万元，但因此扭伤了胳膊，至今还没好利落。加上政策性收入，扣除开支，全家人均纯收入 2000 元。

识别为贫困户后，2016 年代玉飞家享受到了 10 多项扶贫政策。其中，产业扶贫政策相当给力。亿利资源集团免费发放了 10 只基础母羊，鄂尔多斯慈善总会免费发了 5 只"扶贫羊"，产业扶贫项目帮他建起了棚圈和储草棚，2016 年代玉飞靠畜牧业增收近 8500 元。更重要的是母羊下羔，羊羔养大后卖，如此良性发展，输血式扶贫变成了造血式扶贫。村里搞美丽乡村建设，靠在家门口打工，2016 年代玉飞务工收入 2 万元。2017 年，和全村所有贫困户一起，代玉飞顺利进入脱贫巩固期。

然而，昌汉白村贫困群众稳定脱贫仍面临挑战。最大的困难在于占大头的打工收入难以持续，2017 年美丽乡村建设收尾，5 月上旬种完玉米后，代玉飞一直没打上零工。

勤劳肯干的代玉飞准备多养羊来弥补打工收入的减少。为此，2017 年家里的 7 亩地他种上玉米当饲料。下一步他准备借点扶贫小额贷款，年底把养羊规模扩大到 60 只。"按照最近的行情，出栏一只能挣 200 元。"代玉飞说。

以种促养，以养增收，是昌汉白村实现稳定脱贫的重要一招，但也面临羊肉价格大起大落的风险。很多贫困户告诉记者，吃点苦不怕，最怕羊肉价格再像前几年那样一个劲地往下掉。

5 月 11 日 沙尘暴
稳定脱贫靠什么？

好葡萄卖不上好价，挣钱的大棚也有群众不爱种。贫困地区发展脱贫产业着实不易，但这是稳定脱贫增收绕不过去的路，认准了就要迎难而上。

今天赶上了沙尘暴。顶着大风扬沙在贡源葡萄厂种植基地采访，在葡萄厂的生产用房里，记者尝了几颗葡萄，真心很甜。就是这么好的葡萄，才卖 4 元一斤，有时甚至还会积压烂市。即使这个价格，每亩纯收入也能达到 8000 元，是种玉米、葵花收入的 5 倍以上。

随着驻村调研的深入，记者发现，脱贫摘帽不难，但稳定脱贫、增收致富不易，和昌汉白村一样，整个巴拉贡镇都面临这个挑战。调整种植结构，增加农民收入，在全镇上下已是共识。

巴拉贡镇工会主席杜蕾告诉记者，镇里的农民主要种玉米和葵花。与前两年相比，种玉米收入整体上减少两成左右；受市场价格波动和自然灾害影响，种葵花收入稳定性也不太高，这在较大程度上形成了一种调整种植结构的倒逼机制。另一方面，巴拉贡的灌溉条件、气候条件也适合发展果蔬产业。镇党委书记刘志军介绍，近年来，巴拉贡镇把调结构、增收入作为重要工作抓手。

贡源葡萄厂是巴拉贡镇调整种植结构、促进产业发展的一个缩影。镇里在这方面起步较早，早在 10 年前，就建起了精品葡萄和精品西瓜种植基地，效益是种植传统作物的好多倍。不少村子也在积极探索调整种植结构。2017 年，昌汉白村建设了 300 亩集体经济林示范基地，带动 80 户贫困农户增收。

但整体而言，龙头带动还不够强有力，盆景没能成风景。贡源葡萄厂目前葡萄种植才 100 多亩，季节性用工最多时也就五六人。名字叫葡萄厂，其实基本相当于一个家庭农场。镇里的精品葡萄和精品西瓜种植基地，规模也都只有 100 亩出头，对农户的示范带动作用比较有限。

贡源葡萄厂好货没卖上好价，让杭锦旗旗委书记金广军感叹，农业供给侧结构性改革是篇大文章，贫困地区培育主导特色产业，一起步就要走优质优价发展之路。

其实，昌汉白村就有成功案例。

"他这里的超甜西瓜一斤 20 元，当地人还买不到。"说起昌汉白村超甜西瓜种植基地承包人郭洪泽，十里八乡几乎无人不晓。

下午五点半，我来到基地大棚。老郭种的是老家山东省潍坊市寒亭区固堤镇的超甜西瓜，销售也主要卖到老家。老郭这样舍近求远，就是为了让品牌价值最大化：他种的是自己注册了 30 年的品牌西瓜——郭牌西瓜，好品质好口碑日积月累，老家几乎无人不晓。"这里种西瓜的条件比我们老家好多了，但本地一般的西瓜两元钱一斤都没人要，我的郭牌西瓜 20 元一斤还供不应求。"郭洪泽不无自豪地说。

顾仲阳（左二）与村民同劳动

巴拉贡镇确实能种出品质一流的蔬菜瓜果，但要做出一流的果蔬产业，在提质提量上还有很多文章要做。

更好发挥龙头的引领带动作用，是巴拉贡镇"果蔬富民"的必由之路。镇里目前基本没有像样的龙头企业。当地出产的水果基本上都卖鲜果，抵御价格波动能力差。

金广军说，政府要通过以奖代补等形式，支持企业做大做强，与农户建立紧密的利益联结机制，发展模式成熟后加快推广。为促进果蔬产业发展，巴拉贡镇正筹划配建气调库。

镇党委副书记张勇亮介绍，镇里很多地方适合发展大棚果蔬产业，但不少农民不爱种，一来需要精耕细作，大棚干活太热太累；二来觉得见效期长。"下一步政府还要多引导，通过'走出去、请进来'，开拓农民的视野，转变他们的观念。"

贫困地区培育一个主导产业不容易，培育一个脱贫产业更是难上加难，但这是巴拉贡镇稳定脱贫增收绕不过去的路，认准了就要迎难而上，不断开辟新天地。

5月21日　雨

打工机会在哪里？

家门口找不到活，外出务工也难，这样的纠结，昌汉白村很多贫困户都有。创新技能培训和劳务输出服务方式，是下一步政府该发力的方向。

分析昌汉白村贫困户收入构成不难发现，打工收入是脱贫顶梁柱。稳定脱贫，最当紧的就是稳住打工收入。但记者采访发现，这个难度还真不小。最突出的问题是，该上哪里去打工？

47岁的郭建祥是昌汉白村六社贫困户，打工收入是他家主要生活来源。他先后在巴拉贡镇里的硫化碱厂、制铁厂和玉米淀粉厂打了15年工，但无奈这些民营企业先后倒闭。2016年开始，他只好在镇里打起了零工，受雇于承包绿化工程的老板，给树浇水，1天100元，吃苦耐劳的他几乎全年无休，挣了3.6万元。

按照郭建祥的想法，2017年他还是优先考虑在家门口打零工。前两天，他主动给2016年雇他的绿化工程老板打电话，问有没有活干，老板回复说，2017年都上滴灌了，目前不需要人。

"干吗不外出务工呢？"面对记者的提问，郭建祥表情复杂。其实，他也曾经有过外出务工的机会。2008年玉米淀粉厂负责人赏识他干活卖力，想让他去山东的总厂干。当时母亲得癌症7年后过世，妻子得了抑郁症，郭建祥实在走不开。"当时我月工资1400多元，要是过去了，能挣六七千元。"郭建祥懊恼地说。

如今再考虑外出务工，郭建祥顾虑重重。一怕出远门打工，家里的地就种不了。种玉米，一年要浇7次水，整个生产社一起浇，每次都需要连续盯上10来个小时，"这活我走后，家里没人干得了，也找不到人帮忙，请假回来也不现实。"郭建祥说，以前的工友在临河建筑工地上打工，因媳妇生病回老家看望，待了1个多星期，再打电话给老板，人家就不要他了，40多天、6000元的工资，一分钱都没给。二怕找不到工作。"出去打工，两眼一抹黑，都不知道上哪里找打工机会。"郭建祥说。

看他如此纠结，记者帮着算了一笔账，10 亩地自己种一年纯收入9000 元不到，租出去每亩 400 元，少挣 5000 元收入，外出打工不用 3 个月就能挣回来。"你到城里找家劳务公司，经过培训后，他们会给安排具体工作。"但郭建祥还是下不了决心，他内心深处，还是想在家门口打工，家庭挣钱两不误。

在郭建祥犹豫不决时，村里五社的杨金元从城里务工返乡了，因为"城市套路深，只好回农村"。

杨金元是村里的能人。2010 年，他带着乡亲组建了一支施工队，到阿拉善市分包工程。"一开始还算顺利，后来遇上了一个黑心老板，不给结工程款。起诉至法院，判我赢，拿东西顶账，根本变现不了。"工人是杨金元带出来的，工资只能由他付，害得他欠下一屁股债。

无奈之下，2015 年杨金元返乡，但他还想东山再起。2016 年杨金元重操旧业，又带上工程队去巴彦淖尔市承包美丽乡村建设小工程，结果同一条路上再次摔倒：工程钱只拿到一半，工人工资在政府介入下才得以解决。

家门口找不到活，外出务工也难，这样的纠结，昌汉白村很多贫困户都有。

"政府部门有啥营生给我介绍一下，我上有老下有小的，干活吃点苦都没问题的。"坐在记者对面，昌汉白村贫困户刘玉山一个劲地猛抽烟。然而，巴拉贡镇工业基础薄弱，服务业也不发达，就业机会不多。"政府部门服务不到位，我到附近的旗县打工，全是自己找的零活，基本都干不长。"

对此，镇里的劳动保障所所长白海云回应说，企业有什么招工信息，旗里组织什么培训，他们都会通过发布告到社区、发微信给村里负责人等形式告知，但可能在打通入户"最后一米"上存在一定的问题。

从白海云那里记者获得了一张最近旗里组织劳务培训的公告：学费全免，食宿自费。"到旗里 160 多公里，参加培训就得住宿，花这个钱我可不去。"对于这样的培训，大多数贫困户并不买账。

对此，鄂尔多斯市扶贫办主任胡亚格表示，针对地广人稀等特点，下一步要在扶贫技能培训上创新形式，多采取送培训下乡、补贴贫困户食宿费用等形式，让培训更亲民，发挥更好实效。

（原文发表于《人民日报》2017 年 6 月 5 日第 17 版，作者：顾仲阳）

作者感言

这是我深入走转改、出新出彩的一篇代表作。一个月的深入驻村采访，加上我对扶贫的长期关注，让我认识到：脱贫攻坚深入推进，全国绝大多数贫困村和我所驻的昌汉白村一样，如期脱贫摘帽，难度并不是很大，但贫困户要稳定脱贫却面临不少挑战。而只有高质量脱贫，才经得起时间检验，才是对人民真正负责。因此，我把驻村点上的情况放到决战绝对贫困的大背景下，写成了《驻村三记》，文章记录了典型贫困农村脱贫攻坚的真实进程，指出了稳定脱贫面临的问题与挑战，并给出了解决的思路。

文章见报后反响非常强烈，习近平总书记 2017 年 6 月 23 日在深度贫困地区脱贫攻坚座谈会上发表的重要讲话中引用了这篇报道。中宣部将其视为首次组织的精准扶贫驻村蹲点调研的代表作。

《驻村三记》的成功说明了一个道理：基层跑深、跑透了，我们的本领就会大起来。

强了主心骨，脱贫更有谱

——广西河池市环江毛南族自治县下南乡下塘村采访纪实

一路惊心，沿着挂在悬崖峭壁上的山路，翻过好几个山头，终于来到了大石山深处的广西河池市环江毛南族自治县下南乡下塘村。

走进村里，四周仍是石山耸立。都说靠山吃山，但下塘村却被山困住了，2015年年底全村贫困发生率高达44.2%。

近4年过去了，如今的下塘村什么模样？且随记者到村里探访一番。

不敢上产业如何办？

说一千道一万，不如党员引领示范。

记者看到，大石山上的"巴掌地"里，中药材广豆根长势喜人。

广豆根"扎根"下塘村，颇经历了一番波折。长期以来，村民们守着石山上的巴掌地，种点玉米和黄豆，勉强温饱。发展特色产业才能脱贫致富，这个道理人人都懂，但让他们干，却没人敢挑头。

村民们不敢上新产业，并非没有缘由。21世纪初实施退耕还林，村里发动大家种无核柿子树，拍胸脯保证厂商包销。几年后，柿子树结果了，厂商却没来……"穷根"没拔掉，还落下了"病根"——不少村民对发展特色产业没信心，对村党支部不信任。

这几年，中科院亚热带农业生态研究所在环江县试点石漠化治理——石头缝里种任豆树，涵养水土，林下套种广豆根和牧草，牧草喂菜牛，牛粪还田。其中，广豆根卖种三四百元一斤，卖根一斤也有二三十元。

效益这么好，村民们仍然不愿种、不敢种。2017年，谭美树当选村主任，动员会连开三晚，不少村民还是顾虑重重——

"第二年结种子，第三年才能卖根，那第一年吃什么？"

"要是像当年一样，收购商又跑路了怎么办？"

……

说一千道一万，不如党员引领示范。谭美树第一个"吃螃蟹"，2018年卖种子赚了1万多元。不少村民开始心动。趁热打铁，村里组织村民去百色市实地考察。

"35亩石头地，一年挣了90多万元！"取经回来，村民谭维作逢人就夸，他一口气种下了12亩，带动周边村民种了80多亩。

第一书记谭召关想得更远。一条"公司＋合作社＋党员＋农户"的产销链建了起来——党员牵头成立合作社，与公司签订合同。为解开群众担心收购商跑路的"心结"，中药材公司派专员驻村，统一进行技术指导和订单收购。没了后顾之忧，很多群众纷纷甩开膀子种起来。

"培育脱贫产业，需要干部带头闯新路、挑担子，把党员聚在产业链上领着群众干，群众才会卸下包袱，积极参与。"下南乡党委书记覃纯果深有感触地说。

党员冲在前，群众紧跟上。除了广豆根，如今的下塘村，菜牛、毛葡萄等脱贫产业也初具规模。2018年，村集体经济收入8.29万元，全村农民人均纯收入超过6500元。

思想贫困怎样扶？

工作做到群众心坎上，就能融化思想坚冰。

下塘村村民几乎全是毛南族，世代深居大山。"两座大山是下塘村贫困的两大主因，一座是大石山，另一座是村民思想上的'大山'。"河池市委常委、副市长齐联说。

帮助群众翻越思想上的"大山",是扶贫工作的难中之难。对此,驻村工作队员覃雅笛深有体会。

谭桂天是覃雅笛的结对帮扶对象,每次见面必问:"小覃,最近有什么政策可以享受吗?"别人都种草养牛育肥,年底一卖,一头能挣三四千元,而谭桂天年底直接将牛杀掉吃肉。

老谭带不动,小覃很着急,两人的矛盾终于在2018年夏天爆发。得知老谭不打算让考上大学的女儿读书,覃雅笛急匆匆赶到,两人激烈争论起来——

"孩子上大学就能走出大山,难道你不想这样?"

"上学钱从哪来?我可供不起,让她早点打工或嫁人算了。"

……

不欢而散后,覃雅笛又多次上门。他心平气和地讲述自己的成长经历,告诉老谭,读书可以改变命运。耐心讲解政策:"孩子上大学可以享受雨露计划,申请助学贷款;只要肯干,你们夫妻俩发展产业、外出务工都有帮扶政策。"

精诚所至,金石为开。谭桂天的女儿顺利上了广西民族大学,在驻村工作队的协调下,老谭两口子也在蚕丝厂打上了工,一家人的生活充满了希望。

覃纯果说,过去村里的党员干部思想工作做得不细致、缺乏耐心,和贫困群众有心理隔阂。工作做到群众心坎上,就能融化思想坚冰,只要功夫下得深,群众就能带得动。

村里的生态移民搬迁也说明了这一点。

下塘村散布着26个自然屯,一些屯养不活一方人,需要搬迁。但一开始,很多村民不愿搬。

存开屯的谭献谋初中毕业,在村里算思想比较开放的,因而被确定为首批搬迁动员对象。驻村工作队第一次上门动员,很快被怼了回来:"我不愁吃不愁穿，瞎折腾啥？"

多次上门，谭献谋就是咬定不搬，理由一条又一条。慢慢地，驻村工作队员终于摸清了他的想法：其实他最担心的是，搬出去后补贴补助都享受不到了，该怎么生活？

对症下药，时任第一书记谭杨照开出了"定心丸"：搬出去后补贴补助一分不会少，安置点务工机会多，村里的农活还可以照样干。

思想动员的同时，村里还组团去安置点实地参观。眼见为实，看到其他搬迁户生活大改善，打心底里羡慕，谭献谋和很多村民纷纷搬了出来。

工作队撤了怎么办？

驻村干部传帮带，打造一支"不走的工作队"。

"争取下一次"，是小组长谭志国最怕听到的几个字。长期以来，大塘屯村民走的是经年累月一脚脚踩出来的"老鼠路"。谭志国三番五次找村"两委"，每次都得到同一个答复——"争取下一次"。

在谭志国动员下，村民们劈山开石，硬是挖出了一条砂石路。可这路坡陡弯急，车行至此，仍需停靠路边，人再徒步走进屯里。加宽硬化的投资，远非村民可以负担。再找村"两委"，还是说"争取下一次"……一根"软钉子"深深扎进了谭志国的心头。

其实，脱贫攻坚战打响后，县里有基建项目库，可村"两委"班子却没人主动去申请。卢志愿是村里的首任第一书记，他站了出来。没过多久，大塘屯的路加宽了、硬化了，还装上了护栏。谭志国心中的疙瘩终于解开了。

自打有了驻村工作队，修路、修灌渠、建牛舍、装垃圾焚烧炉……这几年，村里办成了好几件多年想办而未办成的事。也有村民担心：工作队总有撤离的一天，村里如何继续现在的好势头？

就这个问题，覃纯果召集三任第一书记和现任村"两委"委员坐在一起商议。

村支书谭良弟先反省：全村 37 个党员，60 岁以上 15 个、流动党员 10 个，党组织弱化比较严重。"自己老觉得年纪大了，谋划大事太吃力，心里有这种思想，从而放松了工作要求。"

谭美树也自我批评："过去经常家里的事忙半天，村委会待半天，遇到棘手的事习惯往上推、往后推，群众有意见。"

谭召关接话："村里的党员干部和驻村工作队员各有所长，所以我们要继续以党支部为纽带，相互学习，相互配合，共同提高，共同奋斗。党员干部要强化'领头雁'的意识，工作要更积极主动。"

驻村干部们没日没夜地忙。村民们看在眼里，感动在心里："常常半夜看到村委会办公室的灯还亮着。"榜样的力量是无穷的，本村党员干部的干劲也被激发出来。2018 年，村里推进贫困户摘帽工作，村民们普遍担心摘了帽会摘政策，不想签字。驻村工作队和村里的党员干部一起学习相关政策，制定了脱贫户发展产业优先享受扶持的激励措施，并结成工作小组，挨家挨户上门宣讲。

东眉屯一段公路拐弯处，丛生野草占了 1/3 路面，司机稍有疏忽，极易发生事故。村民早有怨言，却无人组织除草。前不久，村党支部举办党日活动，大家一起拔草。村民们说："这样的活动，今后还希望多一点。"

谭良弟感慨："学懂弄通政策，走好群众路线，无论是脱贫摘帽这种大事，还是拔草清路这种小事，都能顺利解决，以后工作也要这样干。"

对于进一步建强支部，谭良弟也有了思路：下一步要吸引更多的能人、年轻人充实进来。

巴彩屯的谭合壮，已是一名预备党员。"我是村里头一批种植广豆根的，积累了点经验，我要带动更多贫困户一起种。"东眉屯的入党积极分子谭正敬在南宁做环江菜牛销售生意，他的目标是，帮更多村民把菜牛卖得更走俏。

沐浴着精准扶贫好政策，身边有党员干部领着脱贫奔小康，群众把自己对党的感情编成了山歌："感谢恩人共产党，精准扶贫有良方，紧紧跟着党中央，幸福生活万年长……"

大石山深处，歌声好悠扬！

（原文发表于《人民日报》2019年7月21日第1版，作者：顾仲阳、王浩、屈信明）

作者感言

这是我采访过的贫困村里工作干得很普通的一个，但即使这样的村庄，带头发展脱贫产业、易地扶贫搬迁遇到困难、劈石开山修公路，大事小情冲在前面的都是共产党员……这充分说明一个道理：我国的脱贫攻坚之所以能谱写人类减贫史上的奇迹，关键一条就是有共产党的坚强领导。这不是一句空话，在乡土中国，党员的先锋模范主心骨作用，是实打实看得见摸得着的。

从整体上看，脱贫攻坚战在实现近亿群众脱贫致富的同时，确实也带来了丰厚的党建成果：打造了一支了解国情、会做群众工作的扶贫铁军，密切了干群关系，巩固了党在基层的执政基础。从这个意义上讲，脱贫攻坚确实深刻地改变了中国，也将继续深刻地影响中国。

第 三 章
TUOPIN GONGJIAN

脱 贫 攻 坚

脱贫有了量身定制

——内蒙古乌兰察布贫困地区脱贫路径探访

年年"苦耕春前片片土",却不能"笑采秋后粒粒珠"。这曾经是内蒙古自治区乌兰察布市很多贫困户的缩影。由于地处生态脆弱区和老少边穷地区,土地贫瘠、旱灾风灾频发,再加上基础设施落后、交通不便等因素,乌兰察布一直是内蒙古贫困高发地区和脱贫攻坚的主战场。

"精准扶贫,就得因地制宜、因贫施策。"据乌兰察布市委主要负责同志介绍,针对贫困地区和贫困人口构成特点,市里为贫困户量身定制脱贫路径,对生产条件较好、有劳动能力的农牧民支持其发展特色优势产业,实行产业开发式扶贫;引导有劳动能力但生产条件差的农牧民转向从事二、三产业实现稳定就业,实行转移就业式扶贫;对老弱病残和丧失劳动能力的群体给予生活和医疗上的保障,实行保障兜底式扶贫。

对"想留"的贫困人口,引导他们与新型经营主体结成利益紧密联结的脱贫共同体,科学种养稳定增收。在四子王旗,以前大多农户只种植商品薯,行情好时 1 吨售价也就 1400 元。近年来,旗里引进了一批种薯龙头企业,带动农民种植新研发的种薯,价格一下上涨 40% 以上。

"以前,我种马铃薯累死累活一年顶多挣 2 万元到头了,现在改种种薯,我和老伴儿都在公司打工,2016 年纯收入 9 万多元呢!"四子王旗东八号乡坡底村李金良说,通过种种薯、务工,全村 40 多户人家基本都脱贫了。

对"能走"的贫困人口，鼓励易地搬迁、劳务输出，转移就业脱贫路更宽。乌兰察布市打造外出务工人员服务体系，近年来全市累计有100万左右农业人口外出务工，很多实现了"外出一人，脱贫一户"。目前家住化德县易地移民搬迁小区的居民孙海燕以前是德包图乡六十顷村四合一自然村的村民，由于自然条件恶劣，家里好几年都没有什么种养收入。如今，进城后的孙海燕在县城的铁合金园区企业里当起了化验员，老公当装卸工，土地流转了出去。"2017年预计能有8万元的收入，铁定能脱贫。"孙海燕信心满满。

对"只能留"的贫困人口，兜底扶贫"底"更牢。乌兰察布市出台了17类保障性扶贫政策，每年市县两级财政需投入4.7亿元，织密脱贫保障网。

互助幸福院集中养老工程，对60岁以上无生产能力、身边无子女照料的老人，实行"集中居住，分户生活，统一管理，互助养老"。目前全市共建成互助幸福院458处，解决了近9万名农牧区孤寡老人、空巢老人、因伤因病丧失劳动能力老人和60岁以上贫困老人养老问题。健康扶贫也让老弱病残看病负担大为减轻。乌兰察布对所有贫困人口每年免费体检一次，对于大病贫困人口，叠加使用多项救助政策。

"投入虽然不少，但把兜底扶贫的'底'兜牢了，全面小康不落一人才能真正实现。"市委宣传部负责同志说。

（原文发表于《人民日报》2017年5月20日，作者：顾仲阳）

作者感言

　　作为内蒙古脱贫攻坚的主战场，早在国家实施精准扶贫方略之前，乌兰察布就已经开始探索实践分类施策的脱贫路径。实施精准扶贫后，各类脱贫路径更为细化和完善。沿着这条路子走下去，抓实抓细精准扶贫各项工作，乌兰察布一定能交出一张出色的精准脱贫答卷。

牵着"牛鼻"扶真贫

——贵州省习水县瞄准思想脱贫、产业扶贫等脱贫攻坚难点

一年之计在于春。初春来到贵州省遵义市习水县，作为全市贫困人口最多、脱贫任务最重的县，这里正瞄准思想脱贫、产业脱贫等脱贫攻坚难点、重点、关键点，抓牢抓实，发动春季攻势，山乡大地回响着决战贫困的战鼓声声。

"我要脱贫""我脱贫我光荣"，让贫困群众的精神立起来

人不自助天难助。"我要脱贫""我脱贫我光荣"，贫困群众的内生动力才是脱贫致富决定性因素。

"经济上脱贫不难，让贫困群众思想脱贫更难，要把它放在首位，当作一场硬仗来打。"习水县政协主席、脱贫攻坚常务副总指挥王仲勇说，脱贫攻坚战推进到当前，思想贫困成了最突出的问题，一些贫困户"等靠要"，认为扶贫就是发钱给物；一些贫困户不愿脱贫，戴着穷帽，不以为耻反以为荣。

习水县把思想脱贫作为打赢脱贫攻坚战的第一突破口。"脱贫攻坚工作也是一项群众工作，做群众工作要耐心细致，打通心结。"习水县委书记向承强说。

帮扶干部带着感情，与贫困户加强联系，面对面、心连心，做好思想引导工作。张树礼是东皇街道白坭村贫困户，"等靠要"思想严重，帮扶干部动员他搞养殖，他不想干；帮扶干部掏钱买来猪崽让他养，他都不愿喂。

贵州省习水县采访白坭村第一书记谈思想脱贫

为了张树礼的事，第一书记陆名杨先后十来次上门，苦口婆心地劝。有一次，陆名杨去张树礼家做思想工作，在去厕所的路上踩到青苔而摔伤。伤好后，陆名杨再次登门。"你摔了跟我没关系啊。"张树礼见面马上划清干系。陆名杨答道："你尽管放心，我来，是来真心帮你的，不是来讹你的。"精诚所至，金石为开。这次，张树礼终于感动了。他主动要求养鸡，还积极参与村里的产业扶贫项目，2016年全家顺利摘了贫困帽。

"大多数贫困群众很善良，多数是因为平时的诉求没得到积极回应，他们逐渐对干部有了成见，不太信任，因此在扶贫工作中也不太配合。人心都是肉长的，你真心为群众好，群众能感受到，关键要找到干群关系的破冰点。"陆名杨深有感触地说。

扶人先扶志，干中增自信。刘胜是桑木镇桐楼村玉头组的贫困户，患有小儿麻痹症。由于身体残疾，一直不敢发展产业，全家人住在破旧的漏雨房子里很长时间，人畜混居。结对帮扶的桑木镇党委副书记李文杰多次鼓励他，要脱贫关键还是要发展产业，有困难，大家一起帮他想办法克服。李文杰帮他办理了扶贫小额贷款，解决了扶贫产业启动资金。危房改造补助，改厕所、修圈舍补贴……看到这些扶贫好政策，刘胜下定了脱贫决心。

"李书记把我家的事当成自家事一样，如果我躺倒不干，对不起他。"在李文杰多次鼓励下，刘胜2016年养了5头黄牛，还在桐楼小学当起了厨师，每月工资1500元。

干着干着，自卑变自信。"干起来后发现也没想象的那么难，我准备卖掉几头大牛，再买几头小牛，把养殖规模扩大到15头。"说起下一步的打算，刘胜信心满满。

"贫困群众的精神立起来了，脱贫主体作用才能更好发挥。干群关系也明显改善，老乡见到干部，脸上的笑容多了，凡事越来越好商量了。"向承强说。

啃下"硬骨头"，教育、医疗扶贫，瞄准"坚中之坚"对症开方

因病、因学致贫高发，决战贫困必须对症下药，瞄准穷根使劲挖。

2016 年，习水县还有 6357 名因病致贫、返贫的贫困人口。如何才能啃下这块"硬骨头"？

习水县医疗扶贫指挥部分析，现在农民看病，可享受医保报销、民政救助和大病保险三重报销，一般的病能报销 90% 以上，而大病、慢性病贫困患者负担更重，是医疗扶贫攻坚的"坚中之坚"。

那就对症下药。习水县卫计局局长袁涛介绍，习水医疗扶贫推行"医生＋患者"结对帮扶，集中救助一批重特大病患者，对慢性病患者开通"直通车"服务。

寨坝镇凤凰村杨贵生的女儿重度烫伤，在县医院住院治疗，三重报销后，自付费用虽然不到总费用的 10%，但依然是他家难以承受之重。结对帮扶的医生曹正权向上级部门反映后，帮杨家申请了第四重医疗保障——习水集资 500 万元设立的大病救助基金。"感谢，感谢……"电话那头的杨贵生声音疲惫，语调哽咽，心里却很踏实，因为一块石头终于落地了。

2016 年，习水县通过筛查，共对 394 名重大疾病贫困患者进行了集中救助。此外，还对所有建档立卡贫困人口开展了糖尿病、高血压、肝硬化等 17 种慢性病筛查，给患者办理了慢性病证，并开通"直通车"服务。

桑木镇的刘治仙是原发性高血压 2 级患者，每天都需要吃药来控制血压，一年下来，药费是一笔不小的负担。现在，她在镇医院设置的慢性病药物专区，每年可免费领 3000 元以内的药物。

教育扶贫，高中是最难的阶段。贫困家庭经济负担重，贫困学生思想问题往往也多，因为他们多半留守，又处于青春叛逆期。

为让更多寒门子弟能够用知识改变命运，习水县双管齐下，经济上加大资助力度，发放助学金，免学费、书费和住宿费，设立捐资助学基金，

减轻贫困家庭负担；教育上推行"全员育人导师制"，全县老师和贫困学生结对，通过思想引导、心理疏导、生活指导和课业辅导，帮助他们上好高中，考上大学。

2016 年，习水一中毕业生袁雪以全县理科第一名的成绩考入上海交通大学，给这个因贫困缺少生气的家庭带来了莫大的希望。她上高中时，父母常年在外打工，收入极不稳定，还有个弟弟也在读书，家庭经济困难。袁雪很懂事，担心考上大学会给家里带来更重的经济负担，一度想放弃学习。结对帮扶她的陈晓松老师看在眼里，多次开导她，告诉她唯有努力学习，考上大学，才能改变全家的命运。同时帮她申请了国家助学金和社会资助。卸掉思想负担的袁雪，顺利上了大学。

在教育扶贫好政策的温暖下，习水县越来越多的寒门学子像袁雪一样，心头亮了起来，越来越多的贫困家庭生活更有指望。

贫困户与新型经营主体、村集体紧密联结，产业扶贫破瓶颈

产业扶贫是脱贫的根本出路，但贫困户单打独斗发展产业，面临缺资金、没技术、抗风险能力弱等瓶颈。习水县建立贫困户与新型经营主体、村集体经济之间紧密的利益联结机制，2016 年产业扶贫带动 7033 户脱贫，占当年脱贫 9477 户的 74.2%。

习水县良村工业园区里黔北麻羊中央厨房工地上热火朝天。习水县嘉荣牧业有限公司负责人杨泽兴奋地告诉记者，黔北麻羊是习水地理标志保护产品，中央厨房建成后，公司采用"生产基地 + 中央厨房 + 餐饮门店"的模式，将带动更多贫困户"骑着麻羊奔小康"。

目前，全县共 400 户贫困户为嘉荣牧业订单种植饲料玉米，亩产值能达 2000 余元；300 户贫困户为公司订单养殖麻羊，1 只羊保底能卖 1000多元，目前已有 200 多户贫困户脱贫。"代种、代养模式，有效突破了贫困户发展产业面临的瓶颈，帮助贫困户稳定增收脱贫。"习水县扶贫办主任李昕说。

贫困户袁腊枝对此感受颇深。她没有什么技术，空有一身力气无处施展。嘉荣牧业收购野草喂养黔北麻羊，给她提供了脱贫的机会，2016年，勤奋的她单靠割牧草就收入2万多元。

除了龙头带动，越来越多的贫困户通过共享村集体经济红利摘掉了穷帽。

春节前夕，程寨镇大合水村举行了贫困户入股村集体经济分红大会。13户贫困户人均分得8000元红利，欢欢喜喜过了个"肥年"，村里剩下的111户未入股贫困户每户领了1床棉被。

入股贫困户胡孝军激动地说："感谢党和政府，我贷款入股，没想到短短9个月就能分8000元！"第一书记凡维介绍，2016年村"两委"流转土地138亩建设苗圃场，发动13户贫困户入股，成立了习水县长青苗木园林绿化有限公司和习水县程寨乡加玉苗圃农民专业合作社。长青公司承接新一轮退耕还林工程供苗订单和市政园林绿化工程，获利40万元以上，除去入股贫困户分红，还给村集体经济增收25万元，同时带动21户贫困户人均获得劳务收入3600元。凡维说，下一步将在"集体经济+"上做文章，发展壮大村集体经济，带领乡亲们早日过上好日子。

（原文发表于《人民日报》2017年3月19日第11版，版名《新农村》，作者：顾仲阳、周东亚）

作者感言

到过很多贫困县采访，习水留给我的印象很深。那里的脱贫攻坚工作很有思路，思想、教育、健康、产业扶贫都抓到了点上，每项精准扶贫工作都抓得很到位。为了确实做到精准脱贫，习水派大量干部下乡驻村，排查问题，自检工作，这种较真务实的工作作风值得广大贫困地区学习。

抱得紧，才能走得远

——内蒙古鄂尔多斯市贫困地区攻克产业脱贫难点

坚决打赢脱贫攻坚战，产业脱贫是重中之重，也是难中之难。为更好促进产业脱贫，各地采取了很多办法。其中，充分发挥龙头企业带动农户发展的关键作用，成为各地共同的选择。

这种抱团发展，农户和企业都得到了什么？合作如何更可持续？

"谁跟牧民联结得更紧密，谁就更有竞争力"

"我一直想养羊，可买不起母羊，没想到合作社给我家免费提供了127只，每只母羊两年可下3胎，我只需每年回交21%的羊羔，剩余全归自己。羊养大后，公司订单回收，每公斤高于市场价1元。等我家母羊快'退役'了，合作社还会免费再换一批。"王交其是内蒙古鄂尔多斯市杭锦旗羚丰养殖专业合作社社员，2016年他养羊收入8万多元，把贫困帽远远地甩在了身后。

王交其会养羊，但苦于没本钱，担心卖不出去，一直小打小闹。"企业＋合作社＋农户"的模式让他放开了手脚。"跟企业合作后，资金和销售难题都解决了，我当然敢多养了，多养多挣钱啊。"王交其说。

内蒙古羚丰农牧业开发有限责任公司副总经理杨海霞介绍，截至2019年上半年，公司除了通过合作社带动杭锦旗128户贫困养殖户脱贫致富，还为142户农牧户每户提供5万～10万元的担保贷款，并全额贴息，用于购买基础母羊；租赁 135 名农牧民的闲置耕地和草场，将 266 名农牧民转化为产业工人，月薪多在 3500 元以上。"通过这几种方式，我们与农牧民的利益连在了一块儿。"

杭锦旗扶贫办主任白新田介绍，除了羚丰公司，旗里还引进了绿美、赛诺、蒙羊等龙头企业，通过建立紧密的利益联结机制，有力带动了全旗所有的贫困养殖户脱贫。

记者在多个贫困地区采访发现，"龙头企业＋合作社＋农户"的脱贫共同体遍地开花，这种模式既发挥市场机制，政府也为这种合作添柴加火。比如，用产业扶贫资金为贫困户加入合作社注入股金，为扶贫龙头企业提供贷款贴息、项目配套支持等。脱贫共同体在带动贫困户快速脱贫的同时，也带动了产业发展、企业壮大。

"我们企业本身就有跟牧民紧密合作的天然需求，有了精准扶贫政策，这种合作更紧密，推广速度也加快了。"科右中旗赛诺草原羊业有限公司的主营业务是推广杜蒙杂交肉羊，总经理助理布和朝鲁介绍，公司为牧民低价配送杜泊羊种公羊，并派技术人员免费上门指导配种。杜泊羊与本土蒙古羊杂交成新品种——杜蒙肉羊，繁殖率、产肉率都高。杂交改良 1 只基础母羊，农民至少可增收 200 元。

"这个行业谁跟牧民联结得更紧密，谁就更有竞争力。"布和朝鲁说，光在内蒙古乌兰察布市四子王旗，公司就带动 2000 多户牧民发展杜蒙肉羊高效养殖，目前已成为国内最大的种羊生产企业，企业正在全国拓展业务，扩大与农户的双赢合作。

保证贫困户多获益，贫困户也要增强履约意识

企农合作，贫困农民获益良多，那企业动力是否充足？

一些企业有跟农户双赢合作的强烈动机。

"农民相当于公司产业链条上一个个分散的源头生产车间，他们的生产能力强，我们的盈利能力也就强。"杨海霞举例，公司肉联厂有 20

万头羊的年加工能力，2016 年实际加工才 6 万头，其中贫困户贡献了 1/3。"现在行业竞争激烈，跟贫困户紧密合作保证和扩充羊源，是公司的一个重要战略考虑。"杨海霞坦言。

企业扶贫，还能享受一系列真金白银的政策利好。鄂尔多斯市金泰禾农牧业开发有限责任公司，2016 年带动 1000 户农户订单生产 6.5 万亩蔬菜、鲜食玉米和青储玉米，其中贫困户 140 多户。"作为扶贫龙头企业，我们可享受贴息 3 厘的扶贫贷款，企业投资建冷库、育苗棚、深加工设施时，政府给予配套投资和补贴，累计超千万元。"董事长刘红梅说。

也有一些龙头企业与贫困户合作，更多是尽社会责任。

"从企业本身经营来讲，并非必须跟贫困户捆绑发展，我们更多是参与社会扶贫，回报社会。"鄂尔多斯市一家养殖公司负责人坦言，公司和农户合作推行"投母收羔"模式，就是为了扶贫，公司自有的养殖园并未饱和，完全可以自己扩大养殖规模。谈起目前和贫困户的合作，这位负责人说，他们给贫困户发放的母羊都是带羔的，不用养太长时间就能下羔。起初签的"投母收羔"合同约定"放一收三"，履约情况不佳；新签合同改为"放一收二"，即使这样，羊羔回收情况也并不理想。"企业的初衷是为贫困户提供帮扶，但一些贫困户压根不向企业回交羊羔。"他表示，公司本身实力并不是很强，对部分贫困户这种行为又不好较真，以后用什么方式参与扶贫还真得再仔细掂量。

采访中，记者能明显觉察一些企业与贫困户合作意愿并不很强，有的企业扶贫更多是为了维持良好的政商关系，替政府分忧；有的则是随大流、表姿态。这也能从部分企业跟农户签的合同里看出端倪。不少合同只签到 2020 年——到这轮脱贫攻坚战结束，很多合同一年一签，有的甚至连合作有效期都没有。

让企业发展壮大，企农合作才能持久。企农合作如何实现可持续？企农互相需要的合作可以持续。

"我们企业是搞种薯研发的，必须有自己的基地才能保证质量，与贫困户结成脱贫共同体，这是双赢啊。"内蒙古中加农业生物科技有限公司董事长秦国华介绍，公司非常重视和贫困户的合作，截至2017年上半年已吸纳1000户无经营能力的贫困户，每户入股7万元，其中2万元由政府专项扶贫资金提供，每户贫困户再贷5万元扶贫小额贷款。4年贷款期内，每户贫困户每年可分红7000元，其中4000元为现金分红，3000元作为股本积累。4年后，企业帮农户还清5万元贷款，每户贫困户积累了3.2万元股本，每年还可分红3000元。"企业从银行的贷款以流动资金贷款为主，贫困户入股相当于为企业解决了中长期贷款，给他们的回报，从资金成本上来说跟企业去银行贷款差不多。但把他们纳进来，企业扩大了规模，又帮助贫困户稳定脱了贫，我们欢迎这种互利合作。"秦国华说。

企业能主动让利的合作可以持续。"公司承担所有风险，让农民最大程度得到好处，合作才能持久。"杭锦旗正昊商贸有限责任公司董事长温利介绍，公司在杭锦旗巴拉贡镇山湾村投资建设了150亩矮化苹果基地。前4年苹果未上市前，每亩土地流转费1000元，企业投资在田间套种彩椒，利润和农民五五分成，农民每亩纯收入超过1000元。第五年开始，土地租金增加到每亩2000元，不再套种蔬菜，苹果利润五五分成。12年后合作到期，苹果基地交给流转土地的农民。"农民每亩地收入至少2000元，好好干收入更高，他怎么会没有积极性？"温利说。

如此合作，企业的账怎么算？温利说，套种彩椒是给巴彦淖尔市一家企业订单生产，农民和企业收益都有保证；苹果收益企业将更多从延长产业链上挖潜。巴拉贡镇副镇长刘泽前介绍，政府将和企业联手，为项目配建1000平方米的保鲜库，这不仅可作为包头市、巴彦淖尔市果蔬产品向西北运输的重要中转站，也方便进行苹果深加工。

记者发现，对于下乡扶贫，企业反应不尽相同。有的经营效益不好的企业表示想早点"抽身"。对此，华中师范大学减贫与发展研究院院长陆汉文认为，政府不能"强按牛头喝水"，应出台更多鼓励支持政策，用实惠激发企业扶贫积极性。

"只有企业发展好了，农民才能稳定增收脱贫。"杨海霞坦言，发展农业产业投入大、利润薄、见效慢，同贫困户建立紧密的利益联结机制，等于是把利润再拿出来一块分给农民。近年来羊肉市场疲软，公司微利经营，后期持续带动贫困户稳定脱贫面临挑战。

陆汉文建议减轻扶贫企业税费负担，适度降低贫困地区劳动密集型企业增值税税率，对贫困人口参与度较高的特色产业，部分或全部退还流转税、企业所得税等；利用财政专项扶贫资金引导金融机构支持扶贫企业，将扶贫贴息贷款与农业保险捆绑，解决农业产业化企业经营风险大、贷款难等问题。

（原文发表于《人民日报》2017年12月11日，作者：顾仲阳）

作者感言

本文是一篇产业扶贫的深度报道，前后历时近两个月，我在内蒙古采访了10多家龙头企业，得出的结论是：龙头企业和贫困户只有建立紧密的利益联结机制，产业扶贫才能行稳致远。

脱贫攻坚战打响后，政府动员企业参与扶贫，很多企业积极性很高，但也有一些企业参与，更多是为了维护政商关系的需要。剔除企业尽社会责任层面的因素，产业扶贫本质上更多还是做生意，双赢的生意才能持久，龙头企业和贫困户只有各为所需，通过利益联结机制紧紧抱在一起，产业脱贫才有坚实的基础。

小茶叶扛起脱贫大梁

——湖南安化走对脱贫攻坚路

安化集山区、库区和革命老区于一身，这个国家扶贫开发工作重点县2014年还有15.16万贫困人口，占到了益阳市建档立卡贫困人口的一半，脱贫压力不小。

区位条件、自然环境无法改变，山多田少，既无名山也无大川，安化脱贫攻坚出路在哪里？走进安化，茶树"山崖水畔，不种自生"，特别是黑毛茶，农民多有种植，能否"靠茶吃茶"脱贫？

益阳市副市长谢寿保曾在安化县担任县委书记9年。他介绍，把黑茶培育成脱贫主导产业，在安化特别接地气、特别精准。安化县贫困人口主要集中在高寒山区和生态保护较好的区域，这个区域恰好也是安化黑茶原料——黑毛茶的主产区。种植黑毛茶效益不错，亩均纯收入能达4000元以上。

靠茶吃茶，安化人交出了一份漂亮答卷：近两年黑茶产业帮助5万多贫困人口顺利脱贫，更多茶农逐步走向富裕。

安化是如何做到的？

建立从茶园到茶杯的标准体系，夯实稳定脱贫基础

一个产业要打造成脱贫产业，带动发展能力最弱的贫困群众，首先必须自身过硬、够强。

湖南省安化县冷市镇茶农在采茶

"把产业做大做强，黑茶才能成为产业扶贫的有力支撑。"安化县长肖义说，安化已连续 5 年位居全国重点产茶县前四强，2016 年黑茶产量占全国黑茶总产量近 1/3。

"近年来安化黑茶在全国茶行业中异军突起，一大关键是制定了从茶园到茶杯的标准体系。"安化县茶产业开发领导小组组长蒋跃登说，目前安化黑茶共有 13 个省级地方标准、8 个国家标准，严格按标准生产，严格按级评价收购。

名牌立业，质量强产。蒋跃登介绍，从 2010 年开始，安化县就坚持推动黑茶产业从小作坊向规模化生产转变，从普通茶向名优茶转变，加快实施黑茶品牌发展工程、品牌价值提升工程和知名品牌培育工程，把"安化黑茶"打造成了中国驰名商标。目前，安化县建立了全国首个国家级黑茶产品监督检验机构，将黑茶产品质量把控在处于全国领先地位，安化黑茶已成为国家地理标志保护产品。

科技攻关增强硬实力。2016 年，湖南农业大学刘仲华教授领衔的《黑茶提质增效关键技术创新与产业化应用》项目，获得国家科学技术进步奖二等奖，这是截至 2017 年中国茶业界获得的最高科技荣誉。抓住健康产业快速发展机遇，安化加强科技攻关，累计申请国家专利 260 项，研发了以茶为原料的医药、保健、化妆、功能食品等系列产品，延伸产业链，提升附加值。

"目前，全县茶园总面积达 31 万亩，创历史新高。作为脱贫主导产业，黑茶产业又好又快发展，我们打赢脱贫攻坚战的底气更足了，发展县域经济的能力也更强了。"肖义说。

茶农三次就业三次获益，建 1 亩茶园基本脱贫

黑茶产业作为脱贫产业，如何最大限度地让以贫困户为主的茶农受益？

安化推行"公司＋基地＋农户"的订单农业经营方式。湖南华莱生

物科技有限公司是安化黑茶最大龙头企业，董事长陈社强介绍，公司定点负责收购鲜叶，从根本上解决了茶农卖茶难，同时茶农在参与的整个产业前期链条中，实现了"三次就业，三次获益"：在茶叶种植、培管上实现第一次就业。鲜叶的采摘、黑毛茶初制加工均由茶农主导完成，每天采摘鲜叶的打工收入有70～120元，黑毛茶的加工增值也能达到6～8元/公斤，这为茶农提供了大量第二次就业机会。同时，农民农闲期间还可以到茶企从事制茶、包装、拣梗、销售等工作，实现第三次就业。"这样一来，基本上保证了茶农能稳定就业，全年创收，脱贫致富。"陈社强说，2011年以来华莱公司累计安置当地农村劳动力3500余人，相关产业链就业人数超过9万人。

2014年前，冷市镇三洲村六组村民张满妹的生活是无忧无虑的，丈夫是村支书，将家里家外收拾得妥妥帖帖。然而，天有不测风云。2014年12月，丈夫突然去世，让这个家塌了大半边天，没有了家中唯一的经济来源，年老体弱的公公婆婆没钱看病，上大学的女儿面临失学。对于张满妹来说，这道人生的坎比家门口的大山还难以翻越。

意外得知湖南华莱冷市镇厂区招工，张满妹抱着试试看的态度前往面试，录取后每月有了2200元的收入，再加上将家里的十几亩茶园流转给公司，每亩每年有600元的租金。张满妹逐步从丧夫的悲痛中走了出来，贫穷也与她家渐行渐远。

靠黑茶产业脱贫的故事在安化实在太多。"以前，茶叶没人要，价格贱到不够采茶人工费。从小到大，我们从来没把天天见的茶树当回事，但现在它成了'摇钱树'！"冷市镇叶子村70多岁的贫困老人谭必成种了近6亩茶，2016年纯收入3万多元。他还帮华莱公司打理茶园基地，每年可领取近2万元工资。他逢人就说："没想到我都这么老了，还可以自己赚钱养活自己，心里很是快活。"

"现在农户建设1亩茶园就能基本脱贫，2亩就能稳定脱贫。黑茶产业的发展大大加快了精准扶贫精准脱贫的步伐。"安化县委书记熊哲文介绍，目前全县约有 6.7 万贫困人口从事黑茶种植、加工及关联产业，近两年 5 万余人实现了脱贫。

靠茶就能挣座楼，小茶叶带动 32 万人从业

在安化，黑茶产业不仅是脱贫攻坚的主导产业，也是带动就业的重要支柱。

冷市镇冷市村农民曾旺春勤劳、坚忍，但差点被贫困击垮。因为没人收购茶叶，10 亩茶园里一度野草长得比茶树都高。为了生计，曾旺春带着妻子远赴广东打工。忍受着抛家舍业、骨肉分离之苦，曾旺春夫妇每月 3000 元的收入刚够糊口，在亲人眼巴巴的期盼中，打工赚回的那点钱依然不能改变家庭困境。2014 年华莱公司在冷市镇开设茶叶生产厂，这年春节后，曾旺春和妻子没有继续外出务工，而是双双进了这家工厂。也就从那时起，他们逐步告别了贫穷。

在厂里，夫妻俩月收入 6000 多元，利用双休日，还可以侍弄自家荒废多年的 10 亩茶园。"以前茶叶没人要，只收一季春茶，现在有了加工厂，茶叶成了香饽饽，能采一季春茶、两季黑茶，三季茶一亩收入就有 1 万多元，梦里都笑醒。"谈起现在的生活，曾旺春脸上的笑抑制不住地荡漾开来。

2016 年，对于穷怕了的曾旺春是个大年，他拿出积蓄并在厂里的资助下，盖起了 100 多平方米的两层小楼，建房、置办家具家电花了整整 40 万元。

小茶叶带动大就业。"老婆孩子热炕头，靠茶就能挣座楼"，曾旺春一家的故事，在安化算不上什么稀罕事。冷市镇党委书记周华山说，黑茶产业除了带动大量农民工返乡就业，还带动了大批茶商创业和关联产业就业，其中利用华莱公司搭建的电子商务和直销经营平台，4 万茶商开启了创业生涯，大量农村劳动力从传统种植业转移到黑茶配套产业。蒋跃登介绍，由于安化黑茶产品包装需要使用大量竹篾，乡村几近销声

匿迹的篾匠，近些年来又成了茶厂争相聘请的"香饽饽"。

"安化黑茶是一个有较强带动能力的产业。"肖义介绍，目前全县茶叶加工企业达 150 家、营销企业 200 多家，黑茶及关联产业从业人员达到 32 万人，年劳务收入超过 35 亿元。

（原文发表于《人民日报》2017 年 6 月 25 日第 9 版，作者：顾仲阳）

作者感言

产业扶贫要取得好成效，首先必须把产业做强。对于一个贫困县来说，做大做强一个有一定基础和竞争力的产业，把它发展成脱贫主导产业，是比较现实的路径。这其中，需要协同好政府和市场这两只手，政府更多要着力于搭台，制定标准体系，把好质量安全关，创造机制让贫困户融入脱贫产业链等，更多的市场一线戏码要交给龙头企业等市场主体。政府不能以扶贫为名，把手伸得太长，企业不能忘记扶贫使命，见利忘义。

产业脱贫见真章

——2016年山东平度人均纯收入4600元以下的贫困户全部脱贫

"扶贫政策好，去年我家脱了贫，这个春节过得格外舒心。"笑容挂在山东省平度市崔家集镇前洼村王百三老人脸上。2016年，67岁的王大爷在蔬菜扶贫农创体打工，一天能挣80元钱。同时镇里给他启动资金，他一有空闲就扎笤帚到集市上去卖，农闲时一个月也能挣2000元。政策好，人努力，王百三顺利摘掉了穷帽。

像王百三家一样，2016年平度人均纯收入4600元以下的4239户建档立卡贫困户全部脱贫，这是怎么做到的？

"关键还在于抓好了产业扶贫这个'牛鼻子'，57%的贫困户主要依靠产业脱了贫。"平度市委书记、市人大常委会主任张杰说。

推行"企业＋驿站＋贫困户"模式，一大批贫困户家门口就业脱贫

新河镇草编工艺品产业已有400余年历史，产品出口40多个国家和地区，全镇共有草编工艺品企业80余家。

草编工艺品加工对劳动力技术、体力要求不高，收益快，脱贫攻坚战打响后，新河镇积极引导企业到贫困村庄设置加工点——扶贫驿站，让贫困群众在家门口搞来料加工，"编"就脱贫路。

"有了扶贫驿站，2016年足不出户就挣了1.2万元，家里经济条件大大改善。"南镇村55岁的王青梅，丈夫因病去世，自己抚养一儿一女，

147

山东省平度市南村镇丁家柳林村贫困户李芝种植的大葱喜获丰收，
2016 年收入 2 万元，如期脱贫

生活十分贫困。2016 年镇上帮其购买了缝纫机，她从青岛民生工艺品有限公司在村里的加工点取料，在家缝制手提袋里子。这样，王青梅家成了公司的"加工车间"，1 个小时能挣七八元钱。依靠这个活计，王青梅家顺利脱了贫。

副镇长袁永军介绍，目前新河镇贫困户中有 96 人在家从事工艺品来料加工，人均月收入 2000 多元。"企业承担了社会扶贫责任，一般给贫困户的加工费比非贫困户高出 20%。"

平度市扶贫办副主任王尽舜表示，现在很多企业家愿意扶贫济困，平度采取"1 个企业 +1 个干部"，结对帮扶一个贫困户，企业在自愿基础上和贫困户签订帮扶协议，保脱贫防返贫。

"现在我们有条件也有意愿扶贫济困，扶贫驿站模式让我们帮扶贫困户很顺手，不是负担。"青岛鹏程工艺品有限公司总经理綦家鹏说。青岛裕昊工艺品有限公司总经理付珂玲说，现在一个包装工人的用工成本每月就得 2000 多元，"扶贫驿站模式缓解了招工难、用工贵，也让企业节约了场地成本，和贫困户实现了双赢。"

平度市委办副主任、扶贫办主任唐云莉介绍，不少贫困户因无法外出就业而脱贫无门，依托扶贫驿站有了家门口就业脱贫的机会，他们非常珍惜，非常勤奋。田庄镇贫困户翟召霞在家用电针机加工缝制工艺品，每天早上 5 点起床，干到晚上 8 点半，2016 年收入 1.6 万元。"尽管累点，但供孩子上大学不愁了。"如今，在平度市广大经济薄弱村镇，261 个扶贫驿站，帮 1000 多名离不开乡土、没一技之长甚至轻度残疾的贫困户打开了"脱贫大门"。

新型经营主体带动"农创脱贫"，贫困户有了稳定的就业岗位或创业项目

平度是农业大县，也是财政穷县，脱贫任务约占青岛市的 60%。与此同时，平度拥有 18 个地理标志农产品，农业产业发展基础较好。张杰介绍，平度积极探索"农创脱贫"模式，通过农村创新创业，带动贫困村发展设施农业、乡村旅游等项目，扶持贫困户发展种养、手工作坊等，依靠稳定的就业岗位或创业项目实现脱贫。

"2017 年大葱行情好，每斤卖到了 1.2 元，一亩地纯收入能有 1.2 万元，去年剩下的 18 户贫困户都脱贫了。"蓼兰镇青岛杨家顶子蔬菜专业合作社理事长杨同林，同时也是杨家顶子扶贫创业园负责人说道。创业园实行"政府引导、资金统筹、合作社带动、村户参与"的运作方式，3 个贫困村把 270 万元的产业扶持资金入股创业园搞蔬菜育苗，每个村每年能有 5 万元的保底分红，创业园为贫困户提供生产、培训、销售等系列服务，并吸纳 50 户贫困户就业。

"我们合作社发展的大多数是出口订单农业，像大葱最低收购价 0.45 元/斤，一亩至少能挣 2000 元，带贫困户脱贫我们有底气。"杨同林说。双柳树村贫困户葛桂芳的丈夫得了重病，女儿正读大学，家庭非常困难。创业园安排葛桂芳从事保洁工作，每天工资 100 元，还为其免费提供大葱种苗和技术指导，2016 年 6 亩大葱纯收入 7 万元，顺利脱贫。

依托新型经营主体带动，贫困村、贫困户融合进经济作物产业链，顺利脱贫摘帽，从事传统农业的贫困户也增收明显。

蓼兰镇管家村贫困户管秀云家的 7 亩地种的是小麦和玉米，青岛杨家顶子蔬菜专业合作社免费为其提供整地、收割等农机服务，高于市价收购进行深加工。"2016 年 7 亩粮食卖给合作社净收入 9000 元，如果按市价只能挣 7500 元。"管秀云说。杨同林坦言，这种方式相当于把部分利润直接让给了贫困户，也没增加什么大负担。

张杰介绍，依托新型农业经营主体的技术、市场优势，发挥带动效应，同时整合扶贫资金，扩大优势农产品的规模效应，两个效应叠加实现"以土生金"，带动贫困村和贫困户短时间内脱贫摘帽。

把好扶贫产业选择关，确保扶贫资金安全、贫困户稳定脱贫

产业扶贫，自然风险、市场风险是很大的挑战。帮扶贫困农户稳定脱贫，降低这些风险至关重要。

崔家集镇统筹6个经济薄弱村产业扶贫资金，在前洼村建设了占地260亩的蔬菜扶贫农创体，2016年新建了36个冬暖式蔬菜大棚，委托给青岛前洼果蔬专业合作社经营。合作社理事长鞠炳锦介绍，大棚种的是有机樱桃西红柿，农民承包一个占地2亩的大棚，能有10万元的纯收入。2016年，有3户贫困户在农创体承包经营大棚，23名贫困群众打工，都顺利脱贫。

当初扶贫农创体选择樱桃西红柿作为扶贫产业，很大程度上也是看中了其良好又稳定的经济效益。平度市扶贫办副主任李显兵说，为了选好扶贫产业，市里成立了18名专家组成的项目评审及复验专家库，专家组对项目进行评估，确保把风险降到最低，把效益发挥到最好。

专家组成员、来自平度市农业局的陶跃顺介绍，专家组顺利通过这个扶贫产业的理由主要基于几点：其一，当地有种植樱桃西红柿的传统，有合作社提供技术支撑，种植、浇水等环节对体力要求不高，贫困户参与该产业难度不大；其二，合作社种植的樱桃西红柿大量出口，供不应求，过去六七年价格一直稳定上升；其三，樱桃西红柿生长期从9月到次年6月，连续收获能熨平短期价格波动，而且跨越春节前后的高价期，整体价格大跌的可能性较小。

为了让贫困农户稳定脱贫，扶贫农创体同步建设了农民学堂。崔家集镇党委书记夏英平介绍，农民学堂邀

山东省平度市新河镇王青梅在缝制草包里子

请专家和当地种植大户，为农民进行技术培训。

确保扶贫项目规范操作、扶贫效益充分发挥，也是产业扶贫要考虑的重要内容。为此，平度市构建了一系列"制度防火墙"，在扶贫项目申报阶段引入专家组评审，在实施阶段完善招投标制度，在验收、审计和移交阶段，引入第三方参与，项目实行终身追责制。"确保财政扶贫资金安全也是产业扶贫项目的重要考量。"李显兵举例，平度规定扶贫项目建大棚，必须上保险，贫困村产业扶贫资金入股项目，负赢不负亏，每年保底分红。

（原文发表于《人民日报》2017年2月12日第9版，作者：顾仲阳）

作者感言

产业扶贫是篇大文章。市场竞争激烈，贫困户参与能力有限，怎样选择扶贫产业？贫困户发展能力弱，谁愿意带动？贫困户怎么参与到产业链中更好受益？这些都是很现实很重要的问题。平度作为发达地区的欠发达市，设立扶贫车间、让农创体带动贫困户、专家把关扶贫产业选择等做法，比较创新比较管用，值得其他贫困地区借鉴。

让脱贫经得起历史检验

——四川省仪陇县决战贫困成效显著

"精准扶贫政策好，春风沐浴潮水坝。筑巢引凤海升来，致富果园利万家……"吃过早饭，四川省仪陇县赛金镇潮水坝村的文艺宣传队员又排练起了节目。

薛登友是文艺队负责人，过去他是村里出了名的"老顽固"，凡事总喜欢与村干部"对着干"。脱贫攻坚战打响以来，村里修公路、兴水利、搞产业，干部群众同心同德，干得热火朝天，薛登友的心也逐渐融化。"看着村子一天天变化，我再也不能拖后腿了。"薛登友将村里的变化创作成花鼓、快板、三句半，进行宣传。

薛登友之变，潮水坝之变，是仪陇在决战贫困、全面建成小康社会的道路上用心用情、真抓实干、取得显著成效的一个缩影。县委书记陈科表示，如今，仪陇正开启革命老区脱贫攻坚"冲锋"模式，"实"字当先，查问题、补短板、强手段，让脱贫成果经得起历史检验。

直面问题不回避，建机制想办法解难题

"通村硬化路竣工后，要提供18项资料才能拨付建设资金，太烦琐了。""非贫困村基础设施建设投入不足，群众意见大。"……一条条事关群众切身利益的具体问题被送到仪陇县脱贫攻坚指挥长会议。《县委主要领导研究解决的脱贫攻坚具体问题处理意见》《脱贫攻坚入户摸排发现

问题的处理意见》……一份份有针对性的处理办法又从指挥长会议印发全县。"结合农村实际，精简竣工验收材料，能取消的尽量取消。""由乡镇提出需求报告，各相关业务主管部门现场核实踏勘后，归口专报县委、县政府研究解决。"……一个个问题得以顺利解决。

副县长陈智说，在脱贫攻坚中，仪陇县始终坚持问题导向，把发现问题、解决问题作为推动工作的有力抓手。1.15 万名干部扎根村组，对照"户脱贫、村退出、乡达标、县摘帽"4 个方面的具体标准，与 3.15 万户贫困户户户见面，共梳理出持续增收、安全住房等 21 个方面 25700 余个具体问题。

解决问题才是目的。针对问题的多样性、复杂性，仪陇县采取分级研究、分层审定的办法，把发现的问题分为"乡村自行解决、县级研究解决、向上汇报解决"3 个层面，确保每个具体问题都有解决主体。对县级层面研究解决的具体问题，制定条款式处理意见全县印发，限期整改。

"以前，我们工作怕暴露问题，不敢直面问题，有的问题也没有具体的解决办法，只能一拖再拖，群众对我们或多或少都有意见。现在县上要求我们主动摸排问题，上报的问题都拿出了具体的处理办法，现在我们不怕问题多，因为办法更多。"武棚乡党委书记邓存铭告诉记者。

一个个问题得以妥善解决，一件件实事让贫困群众真正受惠。原来武棚乡肖家梁村只修了通村公路，村里发展水果产业后，没有生产便道，运输非常不方便。这一问题上报后，2017 年县里就给村里修了 6 公里的生产便道，现在来自重庆、成都的客商直接把车开到果园边上，摘了果子直接拉走。水果卖得更远更俏，村民们腰包更鼓了。

督查暗访敢较真，倒逼工作落实落细

"三蛟镇昆山村三社唐道泽 D 级危房新建厨房未完工；石佛乡青松村扶贫档案目录不齐，个别资料未分类归档……"一份份指名道姓的情况通报，详细记录着督查暗访中发现的问题。

在脱贫攻坚工作中，仪陇县高悬问责追责利剑，采取督查整改模式，倒逼工作落实。由32名联片包乡县级领导牵头的包乡自查，紧盯住房保障、安全饮用水两项核心指标自查自纠，着力解决群众最关心的事。58个全脱产定点包乡巡察组负责的常态督导，围绕脱贫攻坚目标不留死角常态暗访，确保工作落实落地；由县委书记、县长带队的靶向抽查，扭住问题频发区、深水区，对发现问题实行"一日上报、一日整改、一日复查"的办结制度，对履职不到位或工作推进不力的，既问事又问人。

群众利益大于天。对督查暗访发现的问题，仪陇县要求乡镇和部门挨个研究措施，形成方案，把责任落实到人，把时间细化到天，严肃处理问题整改中存在的不作为、慢作为、乱作为行为。自脱贫攻坚工作开展以来，有5名乡镇党政正职、3名第一书记、12名驻村帮扶干部因工作不力被问责。

"以前，我们面对问题总是绕道走。现在，督查暗访让全乡干部找准了问题所在，通过整改，实实在在推动了工作。"思德乡党委书记罗伟介绍，2017年4月，县里的定点包乡巡察组发现乡里在脱贫攻坚中存在工作不深不细，基础设施进度滞后等问题，给了黄牌警告。思德乡党委、政府知耻而后勇，对照督查开出的问题清单逐条整改、逐条落实。经过两个月的整改，仪陇县脱贫攻坚指挥部办公室抽调其他片区巡察组成员进行交叉检查，组织精干力量开展了随机复查，最终摘除了给思德乡党委、政府的黄牌警告。

"三级书记"齐抓共管，贫困群众获得感满满

村道路旁一座碧瓦白墙的新房，是度门镇王家店村62岁的贫困户何登明的新家。何登明的母亲93岁高龄，妻子常年患病，儿子患有间歇性精神病，以前3代4口人一直蜗居在3间破旧的土坯房中。

"房子虽旧，却是父辈留下的祖业，总想要把它守住。"2017年3月，镇里统一解决贫困户住房安全问题时，固执的何登明不仅不配合，反而

拒绝跟工作人员沟通。

全面建成小康社会，一个不能少。"一个月我去了何登明家8次，每次的主题都是动员他搬迁。"度门镇党委书记何欣说，一开始何登明以守祖业、怕欠账为由，死活不搬。精诚所至，金石为开。经过21次真诚的交谈，何登明终于同意进行危房改造。"原来，家里来个客人都没有立脚的地方，现在新房宽敞明亮，要不是何书记一直耐心地给我做工作，我如今还享受不到这么好的住房条件。"何登明满面笑容地说。

何欣告诉记者，度门镇作为城郊镇，征地、拆迁、重大项目建设等工作任务很重，但自己把80%以上的精力花在脱贫攻坚上，每项扶贫工作都建立责任清单，分解目标任务，安排推进进度，确保落实落地。

仪陇始终把脱贫攻坚作为全县头等大事和压倒一切的中心工作，县乡村"三级书记"齐抓共管。县委书记抓全局统筹，乡镇党委书记抓区域发展，村党支部书记重在抓落实。陈科对记者说："甩掉千年穷帽是一代又一代仪陇老区人民为之奋斗的梦想！我作为仪陇脱贫攻坚的负责人，唯有把工作研究得更细一点、脱贫政策执行得更准一点、出现问题解决得更快一点、群众增收路子拓展得更宽一点，10万贫困群众在脱贫致富的路上才会走得更稳、更远。"

来到赛金镇，只见1.6万亩规模化、现代化脱贫奔康柑橘产业园里，晚熟柑橘长势喜人。这里引进了全球最大的浓缩果汁生产企业——陕西海升集团，带动作用明显。镇党委书记胡拥军介绍，为了早日发挥脱贫效益，产业园2017年3月动工，6月20日基本建成。建园过程中，全镇党员干部连续3个月周末、节假日无休。柏垭子村党支部书记杨平患有严重日光性皮炎，却放弃就医，顶着烈日奔忙在一线。潮水坝村第一书记、驻村农技员曹前深入田间地头指导技术，一再推迟婚期。"苦了干部，富了群众，收获了民心，所有的付出都非常值得。"胡拥军说。

各级干部把脱贫攻坚责任扛在肩上，把精准扶贫工作抓在手上，精准脱贫水到渠成。2014—2017 年全县累计完成 9.26 万人的脱贫任务，贫困发生率从 10.6% 降至 0.82%。"房子修得这么巴适，硬化路进村入户，雨天走路都不用穿雨鞋，看病自己基本不掏钱，帮扶干部来得比亲戚都勤。我对现在的日子非常满意。"板桥乡陈龙坪村贫困户李饶说出了贫困群众满满的获得感。

（原文发表于《人民日报》2018 年 6 月 3 日第 9 版，作者：顾仲阳）

作者感言

仪陇是朱德总司令的故乡。刚参加工作不久，胡锦涛总书记就批示"一定要把朱老总的老家建设好"。当时去仪陇采访扶贫，公路两旁破旧不堪的民房让我印象颇深。十二三年后再去，那里的变化天翻地覆让我感触颇深，而这次采访更大的感触，就是仪陇的扶贫工作做得很实，坚持问题导向，通过发动干部收集问题、解决问题以增强群众获得感；通过督查暗访，查漏补缺，压实工作，而最终的目的就是让脱贫成果经得起历史检验，对人民群众负责。

金山银山不如绿水青山

——云南省怒江傈僳族自治州脱贫主打"生态牌"

全国最贫困的地方在哪里？数字最有说服力。云南省怒江傈僳族自治州至今仍高达 38.14% 的贫困发生率，是全国最高的。如何与全国人民一道实现全面小康？地处"三江并流"世界自然遗产核心区，怒江素有"动植物王国明珠""世界物种基因库"之称，林业生态资源是最具优势的资源。依靠美丽告别贫困，实现生态保护与脱贫攻坚协同发展，成为该自治州的现实选择。

好政策滋养了好生态，好生态给贫困户带来新希望

高补登村民小组，位于兰坪白族普米族自治县中排乡小龙村。走进这个傈僳族群众聚居的小山村，一幢幢新民居在绿树丛中影影绰绰，一条条通户路延伸到家家户户门前。

眼前此景，很难让人想到多年前的高补登，完全是另外一副模样。20 世纪 80 年代，山林被分到各家各户，部分村民乱砍滥伐，雨季山洪泥石流让人夜不能寐……

高补登村民痛定思痛。20 世纪 90 年代初，在党员余国华等人倡议下，高补登村召开群众大会，制定村规民约，决定将原已分到户的近 5000 亩山林集中起来统一管护，村里聘请 2 名专职护林员全天候巡护，将山林划分为封山育林区和柴山两部分，封山育林区禁伐、禁牧，村民烧柴或建

房伐木只能到柴山砍伐。

为确保护林取得实效，村里对护林员进行严格的定期考核：对工作不认真、不严格履职、考核不合格的坚决"炒鱿鱼"，这就倒逼护林员丝毫不敢懈怠。

村民对山林的索取大为减少。同时，退耕还林、天然林保护方面的生态建设力度不断加大。高补登村的山林得到了休养生息，林子变密了，水变清了，山洪泥石流不见了，昔日难得一见的野鸡、野兔又回来了。高补登村党支部书记余建龙说，村子这些年的变化让大家都明白了一个道理：保护好生态才能脱贫致富，绿水青山是实实在在的金山银山。

高补登村的变迁是怒江州的一个缩影。保护给力，生态向好。目前全州森林覆盖率高达75.31%，每年提供的森林生态服务价值达1204.82亿元。

云南省林业厅厅长任治忠说，国家日益重视生态环境保护与治理，多予少取放活的林业好政策滋养了怒江的山林，也大力扶助了这里普遍贫困的各族群众。

如今，高补登村生态护林员的实践，在怒江推广开来。怒江州林业局副局长刘富泰介绍，目前全州共选聘了8559名生态护林员，年均工资性收入9300元。脱贫攻坚战打响以来，生态护林员选聘工作有效降低了怒江的贫困发生率。

除了护林员公益性岗位，生态惠民政策助推脱贫效应也非常明显。怒江州于2009年启动了国家级、省级公益林补偿试点，2011年天保工程二期启动，282.27万亩公益林纳入生态效益补偿，累计获得补偿资金接近3亿元，31万人直接受益，基本涵盖了全州所有贫困人口。

特色经济林、林下经济效益明显，绿水青山成了金山银山

长期以来，高补登村民靠种玉米、水稻等传统作物勉强维持温饱。20世纪末，不甘贫困的村民余堂元率先在村内种起了核桃、花椒，并自己育苗无偿提供给村民种植。

一开始并没有多少村民跟着种。随着核桃、花椒市场价格不断走高，看到先种的村民腰包渐鼓，观望的村民主动跟了上来。经过10多年的发展，一片片核桃林、一丛丛花椒树成林挂果，以往的穷山坡成了"聚宝盆"。2017年高补登全村人均纯收入达6000多元，其中一半左右来自于经济林。

特色经济林成了"绿色银行"，林下经济潜力更大。"按最低每斤500元算，种重楼第三年每亩收花能收入1.5万元，第四年可翻番到3万元。再加上根茎割收的收入，从第四年起亩产值可超10万元。"泸水市片马镇片四河村农户胡三妹下定决心，今年不再种玉米，改种重楼。

给她带来信心和决心的，是泸水银坡春灵种养开发基地的总经理肖志军。肖志军的公司免费给农户提供重楼种苗和种植技术，还给每户每年补助300元，连补3年。公司2016年与云南白药集团中药资源有限公司签订了中药材种植收购战略合作协议，同时聘请专家为技术指导顾问，这些保障措施让胡三妹们没了后顾之忧。

目前，肖志军已带动老家老窝镇白族乡银坡村近百户农户种植重楼，户均增收5800元。在结对帮扶的珠海市香洲区200万元资金支持下，肖志军将在片马镇带动200户以上贫困户发展重楼产业，到2020年末户均可增收5万元以上。

记者在怒江多个深度贫困村采访发现，林特产业几乎是每个村里的脱贫主导产业。目前发展势头最好、最受群众欢迎的要数草果产业。记者来到泸水市洛本卓白族乡金满村采访时，村民中于纪冒雨在林下种草果苗。"等草果进入盛果期，按照现在的价格，亩产值能到5万元，脱贫致富就靠它了。"中于纪信心满满地说。刘富泰介绍，草果既能做日常食品香料，又能做药材、饲料添加剂和化工原料，成了怒江各族群众眼中的"致富果"，目前全州种植面积达到了103万亩。

在林特产业快速发展的带动下，绿水青山成了实实在在的金山银山。2017 年，怒江州林业生产总值和农民人均林业收入增幅同比都超过20%。

依托林业生态建设，完善生态保护和补偿机制

尽管林业脱贫潜力很大，但现实仍很"骨感"。州委书记纳云德介绍，怒江产业基础薄弱，普遍小、散、弱，产业扶贫组织化程度低，抗风险能力弱，合作社等新型主体普遍质量不高，带动能力有限。下一步在攻坚深度贫困过程中，要花大力气增强产业脱贫能力。

强有力的龙头带动对于产业脱贫意义重大，但少有龙头企业落户怒江。"最大的瓶颈在于交通，怒江至今仍然没有高速公路、铁路和机场，对于企业来说，物流瓶颈非常明显。"纳云德坦言。

除了缺少龙头企业，合作社在怒江发育也很缓慢。泸水市鲁掌镇浪坝寨村在怒江产业发展较好，村委会主任李开忠介绍，全村共有 6 个合作社，带动村民发展食用菌、无公害蔬菜、稻田养鱼等产业，2017 年村子成功脱贫摘帽。大学生村官和情如告诉记者，村里的合作社发展产业也是摸着石头过河，对于解决"种什么""怎么卖"等问题办法不多，带动贫困户的能力比较弱。夏宗阳是泸水宗扬种养殖农民专业合作社的负责人，他告诉记者，合作社只有 7 户社员。

缺少强有力的带动，怒江的很多林特产品只能打"原"字牌，附加值较低。刘富泰告诉记者，虽然全州核桃种植面积达 208 万亩，但目前年产核桃只有 1 万吨左右，不足以撑起一个上规模的核桃深加工企业，怒江的核桃基本上都只能作为原料外销。

离 2020 年脱贫摘帽只剩 3 年不到时间，怒江如何更好实现林业生态建设与脱贫攻坚的互促双赢，刻不容缓。

2018 年两会，全国政协委员、云南省政协主席罗正富向大会提交了《关于支持怒江发展生态旅游实现精准脱贫的建议》，指出怒江具备打造世界级生态旅游目的地的自然条件，加大生态保护、加快旅游产业发展对推动

怒江全州发展、实现全面脱贫作用巨大。他建议，将怒江列为国家生态脱贫试验示范区，允许怒江采取国家公园模式，进行保护性开发，大力发展全域生态旅游；对怒江生态旅游产业发展给予特殊政策，支持怒江以生态护林、退耕还林、打造特色林产业等生态保护修复和生态产业培植为突破口，加快推动一批重大生态保护项目建设。同时坚持问题导向补短板，支持怒江加快基础设施建设、移民搬迁等工作，完善生态保护和补偿机制等。

国家林业和草原局计财司司长闫振告诉记者，按照《国家林业局关于加强深度贫困地区生态脱贫工作的意见》，国家林业局将联合有关部门和地方，共同打造云南怒江州林业生态脱贫攻坚区，深入推进林业精准扶贫，精准脱贫。

（原文发表于《人民日报》2018年5月13日第9版，作者：顾仲阳）

作者感言

从贫困发生率而言，怒江是我采访过的最贫困的地方，可能全国也找不到比它更穷的地方了。全州98%以上的面积是高山峡谷，州内无高速路、无机场、无铁路、无航运，44%的自然村未通公路，人背马驮还是部分地区的主要出行和运输方式。社会发育程度低。民族"直过区"人口占全州总人口的62%。人力资源条件差，人均受教育年限仅7.6年，40%以上的群众不会说汉语。

最穷的怒江怎样跟全国人民同步建成全面小康社会？再穷的地方也找得到努力的方向。除了国家加大政策支持，怒江自身最有希望的努力方向，就是做好林业生态这篇大文章。虽然产业基础差、底子薄，但资源条件还是不错的，林业生态脱贫攻坚区的政策机遇也是很好的，林业生态产业可挖掘的发展潜力还是很大的。

作为全国脱贫攻坚的"上甘岭"，怒江早日攻克深度贫困堡垒，意义重大。热盼怒江因绿而富。

健康扶贫开对"药方"

——乌兰察布市慢病有人管，大病能兜底

郭培凤是内蒙古自治区乌兰察布市卓资县一间房村的贫困农民。她刚做了冠状动脉夹层手术，医疗费共计 11.9 万元，通过大病兜底保障，自己仅掏了 1.19 万元；后期治疗通过家庭签约医生上门服务，每个月 500 多元的药费自己只需花 25 元。

乌兰察布市所辖 11 个旗、县、市、区，10 个是贫困县。由于"小病拖大病、大病无兜底、慢病不常治"而导致的劳动力丧失和大额医疗费用，是致贫、返贫的首要因素，也严重冲减了各项扶贫措施的减贫效应。乌兰察布有关负责人说，要通过综合治理的方法，采取靶向治疗措施，解决因病致贫、返贫问题。乌兰察布整合资金，创新机制，找到了破解因病致贫、返贫的好"药方"，目前贫困人口看病能报销九成以上。

为做好健康扶贫，乌兰察布从健康管理着手，以事前介入和干预为重点，为建档立卡贫困人口免费进行健康体检，建立电子健康档案。对患大病的贫困人口，住院实际费用经基本医疗、民政医疗报销救助后，再由商业医疗保险补足到报销 90% 以上。

卓资县卫计局局长王全锁介绍，为缓解慢病贫困患者用药贵、报销难、负担重问题，乌兰察布指定家庭签约责任医生为他们进行日常管理。县级医院诊断确定用药方案，家庭签约医生按月入户开展上门诊疗、用药指导，

所需药品由乡镇卫生院按月报送至县级卫计局统一采购，患者的医药费至少能报销90%。

贫困群众慢病有人管，大病有兜底，地方财力也可承受。卓资县近3年健康扶贫财政总支出2510万元，占扶贫总投入的比例不足一成，占地方一般公共预算收入的比例不到5%。

乌兰察布健康扶贫开对了"药方"，取得了多赢效果。

贫困群众看病心里更有底。2017年，乌兰察布扶贫对象全病种医疗救助资金实际报销比例达92.1%，大病实际报销比例达93.39%。卓资县委常委赵利森说，现在贫困群众"小病不出村、大病看得起、慢病有人管"。

基层医疗添活力。乡镇卫生院通过为慢性病患者送药，可以获得15%的药品零差价补助，以村医为主体的家庭签约医生每人每年可领取诊疗费7200元左右。

乌兰察布市医保局局长常胜利介绍，开展家庭医生送医送药上门服务，各县卫计局集中采购药品与供药商二次议价，药价更低；实现了小病早治、慢病常治，避免拖成大病，减少了住院报销费用。

（原文发表于《人民日报》2018年5月11日第1版，作者：顾仲阳）

作者感言

2017年4月，我第一次去乌兰察布采访，就注意到当地的健康扶贫做法很有特色，很接地气。当时大致采访了解了一下，但没有动笔。因为心中有个疑问：因病致贫、返贫是缓解了，那地方财力负担重不重，是不是可持续？如果是财政"用钱堆"，实现免费医疗都不奇怪，之前有几个资源富县就是这样做的。

等了一年，统计数据能打消我的疑虑了，我才第二次去乌兰察布专门采访健康扶贫。虽然从时效性来讲，一年的等待显然过于漫长，但从导向性来讲，等待是正确的。因为在2017年年底2018年年初，中央反复强调了要坚持现行标准下的脱贫质量，既不降低标准，也不吊高胃口。"贫困户看什么病都不花钱"，一些地方类似这样的提高扶贫标准的做法受到了批评。而乌兰察布的做法，既接地气——比如家庭签约医生为慢病贫困户送药送服务，非常符合农村实际，一举多得；又接天线——既缓解贫困群众看病难看病贵，又不提高标准吊高胃口挖福利陷阱，非常符合中央精神，这种脱贫做法才真正经得起时间检验。

乡村振兴，人才回流

——四川省巴中市通江县返乡创业助脱贫

"产业兴旺、生态宜居、乡风文明、治理有效、生活富裕"，党的十九大描绘的乡村振兴美好图景正在山乡大地徐徐展开。

伟大事业，人才是第一资源。乡村要振兴，关键一点就是要改变人才由农村向城市单向流动的局面，让更多"城归族"到农村投资兴业，带动乡村人气旺起来。

大巴山腹地的四川省巴中市通江县是国家扶贫开发工作重点县，61万农业人口中22万人常年在外务工。近年来，通江县着力吸引在外务工人员返乡创业，带动乡亲们发展，带活县域经济，以此作为打赢脱贫攻坚战和实施乡村振兴战略的一大抓手，成效喜人。

大雁归巢，"城归族"投资创业渐成气候

冒雨来到兴隆乡渔池村，这里山大沟深，人多地少，交通不便，但"兴隆乡回乡创业示范园"的牌子引人注目。路还在修，泥泞不堪，项目还在建，宏图待展，但已经明显感受到生机勃勃。

"渔池村要脱贫致富，最重要的就是要盘活资源。"在多地做过房地产生意的薛宇，2016年回乡后首先看中的就是家乡的好山好水，他牵头成立了铺子岭专业合作社，流转农民的土地，发展生态种养和森林康养。虽然刚起步，但效益已经逐步显现，2017年出栏了6万只土鸡，农家乐

平均每天能接待几十个客人。渔池村村主任薛正万告诉记者，全村 526 户村民，其中 67 户贫困户，现在薛宇带动了包括全部贫困户在内的 300 多户村民。贫困户郭汝奎流转了 4 亩土地，平时在基地打工，2017 年总收入 3 万多元，顺利脱贫。"薛宇给乡亲们带来了实实在在的好处，大家都跟着干得很起劲。"郭汝奎说。

薛宇带领渔池村的乡亲们看到了脱贫的希望，通江县鹰歌乡村文化发展有限公司董事长熊纯华则已经带领民胜镇鹦鸽嘴村逐步走上了致富路。熊纯华 2011 年返乡带领 150 户合作社社员种植葡萄 2100 余亩；建成集餐饮、住宿、休闲、会务、娱乐于一体的乡村酒店，带动 50 多个贫困村民就业脱贫；建成了年产 1000 吨的葡萄酒生产线，让 32 户贫困户顺利脱贫。

巴中市巴山牧业股份有限公司董事长张育贤的带富效应更加明显。为让更多人品尝到儿时生态土猪的美味，2009 年，张育贤放弃年薪 300 万元的外企 CEO 工作，回乡带领农民发展当地的巴山土猪——青峪猪养殖。2017 年 11 月 7 日，巴山牧业成功登陆"新三板"，成为巴中市首家上市企业。张育贤介绍，目前，公司已通过"政府＋银行＋保险＋企业＋农户"模式，带动 2000 余户贫困户养殖青峪猪脱贫致富，到 2020 年公司将带动 1 万户农户通过养猪稳定致富。

2015 年返回家乡通江投资乡村旅游的吴刚说："我深爱着生我养我的这片土地和父老乡亲，家乡的美景令我沉醉，家乡的贫穷催我奋进，尽我所能为家乡做点实事。"近年来，抱着类似的情怀，"城归族"在通江投资创业渐成气候，2016 年以来投资规模在 100 万元以上的经济实体就达 400 余家，带动 2.16 万多人就业，其中贫困户 7800 余人。龙头昂，农村活，通江乡村焕发出日益丰沛的生机。

筑巢引凤，穷乡僻壤成创业热土

越来越多的"城归族"返乡创业，这跟当地党委政府长期以来下大力筑巢引凤密不可分。

巴中市委书记罗增斌介绍，巴中持续加强投资软环境建设，全面落实政务服务"马上办、网上办、一次办"，优化服务质量和办事效能。

通江县委书记孙辉介绍，作为全国第三批结合新型城镇化开展支持农民工等人员返乡创业试点县，通江把在外务工人员作为招商引资的重点对象，县委主要领导班子经常主动上门，跟企业家老乡座谈交流，宣讲老家发展机会与相关政策，倾听他们的心声。在此基础上，通江针对性地出台了《关于支持农民工等返乡创业实施意见》《关于进一步做好新形势下就业创业工作的实施意见》等文件，创新开展返乡创业项目行政审批代办、金融信贷领办、公共服务快办、跟踪协调促办，开辟智力、技术、管理下乡"绿色通道"。

赵志刚在渔池村山下溪谷流转村民的土地生态养鱼、种茶，同时发展文化旅游产业。他介绍，县里注重落实创业奖补，比如项目规模流转土地 300 亩以上，政府每亩土地补贴 300 元；带动贫困户 10 户以上，每带动一户奖励 1000 元。兴隆乡党委书记熊纯俊介绍，给力政策有力促进了"城归族"回乡创业，仅 2017 年就领建了 26 家合作社，带动 1000 多户农户发展，占全乡总人口的 1/3。

政府雪中送炭，帮企业解决发展过程中的融资、引才等难题，让张育贤深有感触："养猪资金需求量大，很多固定资产不能作为抵押物从银行贷款，要不是县里设立产业扶持资金，成立农业担保公司，联手农信社推行用益物权证抵押贷款等，我们企业不可能发展到今天。"几乎见证了巴山牧业整个发展历程的投资人——（北京）玄牧投资有限公司总经理谢必明，盛赞通江县的营商环境："要是没有地方政府的大力支持，巴山牧业可能都死了好几回了。"

"现在政策条件非常好，愿意回乡投资的企业家越来越多。"熊纯俊建了兴隆乡回乡创业交流群，目前有 50 多个企业家参加，很多人表达了想回来投资的意愿，不少人制定了项目意向书。

振兴乡村，形成雁阵效应还需加力

回乡创业渐成气候，乡村振兴战略的实施，更是为大雁归巢提供了战略性机遇。怎样才能吸引更多的大雁归来，形成"雁阵效应"，更好激活乡村？

引进更多的人才是企业家们最渴盼的。"回乡创业最大的困难在于本地人才等配套资源不够。"熊纯华告诉记者，由于经济欠发达，当地优秀人才匮乏，公司想找个好点的会计，月薪出到1万元都请不到，要是在成都，月薪5000元差不多就能请到。

"乡村振兴，人才是魂。政府要拿出招商引资的热情，采取超常规举措，下大力气引进人才，人才多了，就会形成良性循环，带旺乡村人气。"张育贤介绍，2013年公司要引进遗传育种博士廖坤，从省会成都到偏远贫困县通江工作，廖坤心有顾虑在所难免。后来，通江县把廖坤上报为巴中市要引进的高技术人才，提供了安家、落户、科研等一系列优惠条件。如今，廖坤已是巴山牧业产业技术研究院的院长，挑起了青峪猪保种选育的重担。

"要创造尊重返乡创业者的社会环境，让返乡创业者有自豪感，给其中的优秀人才提供更多政治上的荣誉，这样才能更好吸引人才、留住人才。"张育贤举例，巴山牧业的副总裁刘建春是绵阳人，2016年他的儿子小升初，学习压力很大，妻子希望他回老家工作，多照顾孩子，刘建春一度很动摇。恰好公司成立党支部，大家推选他当支部书记，这让刘建春坚定了留下来的决心，工作出色的他还荣获了当年的四川省优秀党支部书记称号。

构建亲清新型政商关系是企业家们最看重的。采访中，很多企业家认为，返乡创业不仅要看政策支持的力度，更关键的是要看地方一把手的品行。除了乡情的维系，更要构建良好的政商互动关系，才能让更多的在外务工人员愿回来、留得下、有发展。

让乡村更有活力，除了地方政府积极改善投资创业的环境，企业家干事创业也要正确"定位"。采访中，先行回乡创业的企业家给"后来人"最多的忠告，除了要选好项目，就是要有造福乡梓的情怀，沉下心来把产业做好做实，不要光想着挣快钱，想着套项目资金求发展。

（原文发表于《人民日报》2018年4月8日，作者：顾仲阳）

作者感言

人才是第一资源。人往高处走，贫困地区往往都是人才的洼地。除了必要的政策支持，贫困地区要脱贫，最可依靠的还是人。让流失的人才回流、带富一方，是贫困地区脱贫致富、振兴乡村的可行之路。如何让燕归巢，除了打好感情牌，关键是地方政府要筑好巢，搭建好干事创业的好环境、好平台。通江的实践探索对其他贫困地区很有借鉴意义。

一个战场，两场攻坚战

——山西省吕梁市脱贫攻坚和生态治理相结合

3月12日植树节，山西省吕梁市还春寒料峭，全市春季造林绿化动员会议就召开了。"要让植树造林成为吕梁人的一种习惯和情怀。"市委书记李正印提出，吕梁全市2018年林业建设要完成三个100万亩目标：荒山造林100万亩、退耕还林100万亩、经济林提质增效100万亩，切实把造林绿化的过程变为群众脱贫增收的过程、变为村集体经济破零和发展壮大的过程，在一个战场上同时打赢脱贫攻坚和生态治理两场攻坚战。

贫困户为主体的合作社承揽造林，林业扶贫打造出"吕梁样板"

一个战场上打赢两场攻坚战，得从吕梁推行购买式造林模式说起。

所谓购买式造林，就是根据政府规划和标准，市场主体承担造林，一般3年后政府花钱买活树，造林者获得经济效益，政府和社会获得生态效益。2013年，山西省黑茶山国有林管理局首先在内部试点并获得成功，2014年，该管理局扩大购买式造林范围，开始与驻地政府——岚县人民政府合作造林。由于与造林者的经济利益直接挂钩，造林绿化的效率和质量大大提升，购买式造林搅活了"一池春水"。

岚县县委书记高奇英告诉记者，2015年，中央首次提出"生态补偿脱贫一批"的精准脱贫路径，立足全县宜林荒山多、贫困劳动力多、积存苗木多的实际，在与黑茶山国有林管理局合作造林顺利推进的基础上，县领导班子考虑：能否成立合作社带动贫困户把苗子栽到荒山上，增绿又增收。要实现这个目标，就要进行改革：变以往的专业队造林为合作社造林，变招标为议标。"当时我们是冒了点风险的，但县里的班子成员都认为，只要把住造林质量关，保证贫困户受益，这个创新值得冒险。"高奇英说。

岚县的创新探索获得了成功，并很快在吕梁市、山西省乃至全国推广。李正印告诉记者，吕梁沟壑纵横、土壤贫瘠，生态脆弱与深度贫困相互交织、互为因果，面临生态建设和脱贫攻坚双重压力。岚县组建以贫困户为主体的造林合作社，采取议标方式造林，在一个战场同时打赢两场攻坚战，吕梁在全市加以推广并不断完善。2015 年 4 月 16 日，山西省林业厅发布《关于积极稳妥推行购买式造林促进林业发展提质增效的指导意见》，正式把吕梁实践推向全省。2017 年 9 月 25 日，全国林业扶贫现场观摩会在吕梁召开，国家林业局局长张建龙现场观摩后表示，吕梁的林业精准扶贫新模式、新机制、新制度，在很多地区可以复制推广，要在造林任务重的深度贫困地区，推广建立 6000 个造林扶贫专业合作社，优先安排造林绿化任务和建设资金，吸纳 20 万左右的贫困人口参与造林、抚育。"这次会议让吕梁样板成为全国路径。"山西省林业厅副厅长尹福建说。

贫困户人均造林增收 6000 元，合作社带动作用日渐增强

"在政策设计上，购买式造林所有环节的利益分配都向贫困户倾斜，保证造林工程精准扶贫。"吕梁市林业局局长郝金光介绍，在扶贫攻坚造林合作社组建上，必须有 60% 以上的社员为贫困户；在收益分配上，规定造林项目总投入的 45% 以上用于劳务支出，合作社年度利润的 60% 根据社员投劳进行分配。在造林资金保障上，支持贫困户社员以扶贫小额贷款入股合作社，年收益 5%。

造林扶贫效果立竿见影。赵开福是临县城庄镇郑家洼村开福扶贫造林合作社社长，2017 年他带领 50 个社员造林 1000 多亩。赵长启是合作社里 44 个贫困户社员中的一个。老赵吃苦耐劳，2017 年造林挣了 9600 元，

爱人李艳兰也顶起半边天，挣了 8000 多元，一家人顺利脱贫。

吕梁市副市长尉文龙介绍，全市成立了 1008 个扶贫攻坚造林专业合作社，吸纳社员 24760 人，其中贫困社员 18784 人。2017 年 956 个合作社通过议标承担造林任务 96.3 万亩，19648 个贫困社员人均增收 6000 元以上。

三分造，七分管。除了造林，管护就业也是贫困户的一大收入来源。目前吕梁全市共设森林管护员 6348 人，其中建档立卡的贫困管护员 4896 人，人均年工资 7000 多元。

更大的增收潜力在于发展致富产业。对此，深度贫困村岚县王狮乡蛤蟆神村的村民们深有感触。

2016 年，蛤蟆神村退耕还林 2240 亩坡耕地。村里的别样红扶贫攻坚造林专业合作社流转这些退耕地 20 年，种植沙棘。这给 413 户农户中的 171 户贫困户带来了多重收益，其中收益最大的是别样红合作社的 51 个贫困户社员。常从柱就是其中的一个。他流转了 19 亩坡地给合作社种植沙棘，前 5 年每亩可以获得 1500 元的国家退耕还林补贴，每年还能从合作社获取 50 元的保底收益。2017 年常从柱参与沙棘造林获得劳务收入 3000 多元，之后他还可以在沙棘基地从事管护、剪枝、整形、收果等工作，一年至少能挣 5000 元劳务费。岚县副县长刘思昭介绍，5 年后，退耕还林补助结束，沙棘也进入盛果期，按照目前的价格，每亩利润能达 5000 元，常从柱们每亩至少能分红 300 元。"脱贫致富主要就指着它了。"常从柱非常看好沙棘产业的前景，2018 年他还准备在自家的耕地上种上三四亩。

沙棘产业也给蛤蟆神村集体带来了活力。岚县林业局局长王志平告诉记者，村集体在土地流转期内每亩每年能获得 10 元的公益金，2017 年蛤蟆神村收入公益金 22540 元，集体经济首次破零。"村里刚建了几个大棚，准备马上搞沙棘育苗，这脱贫攻坚的活越来越有干头了。"村支书马林珍信心满满地说。

为了让贫困户脱贫增收更可持续，造林合作社的转型升级在吕梁已被纳入议事日程。"林子总有造完的一天，但群众增收的脚步不能停。"郝金光介绍，很多合作社已经开始对社员进行剪枝、嫁接、防治病虫害等技术培训，以便更好地从事经济林管护工作。一些造林合作社开始向村级农经合作社转型，拓展业务范围，发展林下经济，承接小型水利工程等。

吕梁底色由黄变绿，森林覆盖率年增1个百分点

车行临县，高速公路两边都是黄土高原丘陵沟壑。"以前这个时候，山上都是光秃秃的，因为农民在这里广种薄收，水土流失严重。退耕还林后，合作社在这里种上了树，你看，现在一片片油松透着绿色，等天转暖了，山头就郁郁葱葱了。"随行的山西省原政府参事、林业专家王加强教授向记者介绍。

城庄镇小马坊村生态经济林综合治理工程第五标段，山腰上的油松迎风摇曳，山顶上一片片核桃林生机勃勃。镇党委书记成小龙说："这油松种起来不容易，大家用绳子把自己绑在半山腰挖树坑，用肩膀扛水上山浇树。"临县林业局局长冯清照告诉记者，15家合作社在这里造林3万亩，大家"心里有劲头"，把这里的林子当作自家的林子种，目前存活率在85%以上，之后还会在林间套种中草药。"等再过几年，这里的荒山秃岭真的能变成金山银山，我们的日子肯定会更红火。"小马坊村村民张春平说。

这样充满希望的山头在临县还有许许多多。临县县委书记张建国告诉记者，2017年，临县以258家造林合作社作为主力军，完成造林面积34.92万亩，接近全县"十二五"期间造林绿化面积的总和。2017年在北京展览馆举行的"砥砺奋进的五年"大型成就展中，其中一张反映我国生态成就的大幅照片就是在临县的东山拍摄的，照片上漫山遍野的油松层层叠叠。"我们感到很自豪，也充满了干劲，再过几年，我们这里的宜林荒山和25度以上陡坡地将全部实现绿化。"张建国说。

不光是临县，在吕梁市采访，问起近些年的变化，很多群众都会自豪地介绍：周围的山都绿起来了，我们的腰包逐步鼓起来了。统计数据显示，近年来，吕梁市森林覆盖率以每年 1 个百分点的速度递增，成为山西省通过造林绿化达到自然环境优化率较高的城市之一。吕梁山区贫困山乡的底色正由黄变绿，绿水青山的"含金量"正逐步展现。

（原文发表于《人民日报》2018 年 4 月 1 日第 9 版，版名《新农村周刊》，作者：顾仲阳）

作者感言

吕梁深度贫困又生态脆弱。让以贫困户为主体的合作社承揽造林绿化工程，切实把吕梁绿起来的过程变为群众脱贫增收的过程、变为村集体经济破零和发展壮大的过程，在一个战场上同时打赢脱贫攻坚和生态治理两场攻坚战，吕梁的实践创新性强、可操作性强，国家林业和草原局已在全国推广这种林业扶贫新模式。

毛驴就是"小银行"

——山东东阿阿胶为深度贫困群众量身打造"保姆式"养驴扶贫模式

培育毛驴产业，"驮走"了真贫

养毛驴真能脱贫？5 年前，当山东东阿阿胶股份有限公司在内蒙古自治区敖汉旗长胜村以毛驴产业为抓手开展帮扶工作时，村民董景新认为这些"外来的和尚念不好经"。"毛驴家家养，套犁能犁地，套车能赶集，但就是没见能赚钱啊！"

董景新说，这两年他没少带着村里的乡亲"穷折腾"，贷款养牛养羊，包地种庄稼种果树，但市场似乎老和他们"过不去"：年景好的时候，产量高了，但价格下来了；年景差的时候，价格高了，但产量下来了。这个"怪圈"，他们始终没跳出来。

"东阿阿胶有关负责人张向阳给我们算了笔'养驴账'，听完我就下了养驴的决心。"老董介绍，"养驴账"是这么算的：养头母驴，驴驹能收入 5000 多元，驴奶能收入 4000 多元；养头育肥驴，育肥期一天长一斤多肉，一年净收益可达 1000 元……一头驴就是一家"小银行"！这让老董动了心，但以前发展产业赔本的经历仍让他心有余悸。"如果稳赚不赔，我就干！"和张向阳说完这句话，老董自己都脸红了。"只要你驴养得好，你就稳赚不赔！"张向阳硬气地回答。

张向阳底气何来？原来，经过多年实践，东阿阿胶已经为贫困群众量身定制了一套"保姆式"养驴扶贫模式：上游提供良种和技术，中游提供各类服务，下游保障市场收购，全程解除贫困户养驴难题。

事实上，贫困户还有个难题：缺少启动资金。张向阳介绍，东阿阿胶推出"金融租赁"和"活体质押"模式，即公司根据贫困群众的请求，按双方的事先合同约定，向贫困群众提供指定的母驴，贫困户只需支付一定的租金，就能获得一段时期内母驴的占有、使用和收益权。同时，东阿阿胶还给毛驴上了保险，如果毛驴遇到保险责任范围内的自然灾害、意外事故和疾病，贫困户由此遭受的损失能得到补偿。

"保姆式"养驴扶贫模式让老董们没了顾虑，甩开膀子干起来。敖汉旗全旗 3.85 万贫困人口，目前已有 1.2 万人通过养驴脱了贫。四道湾子镇四德堂村徐永章老汉就是其中的一位。前几年因老伴患病欠下 10 多万元债务，他们家只能靠政府和亲友救济勉强维持温饱。2014 年，东阿阿胶公司捐给徐永章 5 头毛驴养殖，这几年老徐年均净收入 5 万多元，顺利还清了债务，甩掉了"穷帽子"，养殖规模也发展到 10 头可繁殖母驴和 10 头小驴驹，毛驴资产达到 15 万元。

截至目前，东阿阿胶牵着"扶贫驴"带动全国养驴户增收 180 亿元，惠及 1000 余个乡镇 6 万多贫困人口。

毛驴一股子倔劲，不"驮走"贫困不歇脚

发展产业是实现脱贫的根本之策。贫困地区发展条件最差，贫困群众发展能力最弱，市场竞争日益激烈，发展产业帮助贫困群众稳定脱贫，难度着实不小。脱贫攻坚战打响以来，全国脱贫攻坚奖获得者秦玉峰，带领东阿阿胶股份有限公司的同事们，牵着毛驴帮越来越多的贫困群众"驮走"贫困，奔向小康，走出了一条堪称样本的产业脱贫之路。

老秦说，要学毛驴那股子倔劲，不"驮走"贫困不歇脚。长期以来，东阿阿胶公司为贫困地区脱贫奔小康贡献力量。毛驴全身是宝，东阿阿胶在贫困地区全产业链布置毛驴产业，极大程度地发挥了毛驴的"扶贫

价值"。

细看东阿阿胶"扶贫驴"产业分布图，发现这些产业遍布全国深度贫困地区。如期脱贫，必须打赢深度贫困地区脱贫这场硬仗。打硬仗，必须有"硬拳头"；啃"硬骨头"，必须有"好牙口"。东阿阿胶扶贫人显露出来的倔劲儿，让秦玉峰又是欣慰又是心疼。

前些年，东阿阿胶应邀帮助新疆改良毛驴品种，帮助牧民发展毛驴扶贫产业。作为公司业务骨干，王怀利被派到了一线。养殖场刚开工时，连宿舍都没有，王怀利和牧民住了7个月的"地窝子"——在戈壁上挖1米多深的坑，晚上睡觉时盖上塑料膜，白天气温十几摄氏度，晚上气温零下十几摄氏度。养殖场离最近的村庄有10多公里，周围基本都是维吾尔族同胞，由于语言不通，没人可以交流，当王怀利回公司总部述职时，语言表达能力都大幅下降。"当时我都无法控制自己的泪水。"秦玉峰动情地说。

苦，没吓倒山东汉子；难，没压倒东阿"驴倌"。为让毛驴产业惠及更多贫困群众，秦玉峰每年数十次深入最偏僻和贫瘠的地区，实地考察养驴扶贫情况。东阿阿胶的扶贫人牵着毛驴不顾路远，不畏艰辛，帮扶贫困群众实现物质脱贫，同时也通过自己的辛苦付出给贫困群众送去了精神食粮。东阿县向阳红黑毛驴养殖场养殖户张金英深有感触地说："东阿阿胶公司不仅帮助我们养驴脱了贫，他们员工身上的吃苦和拼搏精神，也在激励着我们。"

完善扶贫模式，带领贫困群众稳定脱贫

苦干还要巧干，做好毛驴产业扶贫，需要创新体制机制。

秦玉峰自喻是全国最大的"驴倌"，这些年他最费心的并不是为阿胶找销路，而是如何养好毛驴。"养好毛驴，既能为广大贫困群众带去真金白银，也能涵养驴皮资源，为阿胶这个传承了近3000年的民族产业夯实可持续发展的基础。"把毛驴产业打造成一个能帮贫困群众稳定脱

贫的扶贫产业，成为秦玉峰的夙夜之思。

为毛驴争"待遇"。"为毛驴产业奔走，就是为贫困户可持续增收争未来。"秦玉峰介绍，作为山东省人大代表，2008 年以来他在省两会提出"为毛驴争待遇"的相关提案达 22 项。在他的广泛呼吁和积极努力下，2015 年以来，先后有近 900 家党政企事业单位 5000 余人考察养驴扶贫项目，有 15 省 68 市县与东阿阿胶签订了毛驴养殖战略合作协议；有 9 省（区）的 17 个市（县）相继出台了 24 个与精准扶贫相结合的养驴扶持政策。

为毛驴增价值。东阿阿胶筹建了由天龙牧业、黑毛驴研究院、天龙食品等 12 个单位组成的推进主体，组建了由 20 位企业管理人才、19 位专家等组成的毛驴资源扩繁（扩大繁殖）推进团队。东阿阿胶采用"活体循环开发"和全产业链拉动，在前端进行良种繁育、提高受孕率等技术研发；在中端对肉、奶等产品深度开发；在市场端建设品牌塑造、销售网络和销售队伍三大工程，使商品驴经济价值增加 6 倍以上，单头毛驴收购价格 3 年增长了 3000 元。

为养驴脱贫寻找好模式。经过多年实践，东阿阿胶探索出了一套精准扶贫"战法"。依托国家黑毛驴繁育中心，发展规模化、标准化养殖。2016 年东阿阿胶与聊城市政府共同出资 6000 万元，建设 100 个标准化扶贫养驴场，养殖基础母驴 6 万头，可带动当地 3000 余户贫困户脱贫致富。推广"政府 + 金融 + 龙头企业 + 合作社 + 养殖户"的产业化养殖模式，广泛利用社会资源投资毛驴养殖，惠及更多贫困人口。在敖汉旗，东阿阿胶推广这种养殖模式，带动当地毛驴存栏增长 1 倍，近 3 年为养殖户增收 20 亿元。

打造"毛驴希望乡村"。东阿阿胶在赤峰市巴林左旗后兴隆地村投入 300 万元进行新农村改造，与中国人民大学联合建设"毛驴希望乡村"；投入 1500 万元设立养驴扶贫基金，帮助全村 274 户脱贫奔小康，成为内蒙古产业脱贫的标杆。今后，东阿阿胶还将在多地打造此类希望乡村，扶贫的同时为振兴乡村出力。

让更多贫困群众牵着毛驴奔小康，这是东阿阿胶参与扶贫的动力所在。通往全面建成小康社会的路上，留下了一个个扎实的"扶贫驴"蹄印。

（原文发表于《人民日报》2018年2月4日第9版，版名《新农村周刊》，作者：顾仲阳、王健任）

作者感言

前阵子，对于驴皮药用价值的讨论非常热烈。作为个人，我选择相信传统中医，相信驴皮是有一定的药用价值的。作为一个扶贫记者，我更选择相信这一点。因为作为一个扶贫产业，毛驴产业的扶贫成效目前来看非常不错，如果驴皮真的没什么药用价值，那么驴产业的减贫作用就会大打折扣。从这个角度上，作为一个记者，我呼吁有关各方特别是有官方背景的机构一定要谨言慎行，在没有确凿的科学证据之前，不要轻易下结论。因为，如果因为你的轻易站边，导致一个好不容易培育起来的扶贫产业轰然倒下，这个结局你如何面对？

家中点鼠标，产品出深山

——电商带动 274 万贫困户增收

2016 年年底，16 个国家部委单位联合印发《关于促进电商精准扶贫的指导意见》，对电商扶贫工程进行顶层设计，多项政策措施相继出台，拉开了电商覆盖贫困县、帮扶贫困户的大幕。

截至目前，电子商务进农村综合示范县已覆盖国家级贫困县 499 个，国务院扶贫办在 428 个贫困县开展了电商扶贫试点，共带动 274 万贫困户增收。

借鸡下蛋扶贫山里货卖上好价钱

春节临近，内蒙古自治区鄂尔多斯市达拉特旗的敖包梁绿源蛮赖山养殖专业合作社的"土鸡笨蛋"卖得挺火。这得益于旗扶贫办和内蒙古羊煤土气电子商务有限公司合作推行的"借鸡下蛋"电商扶贫模式。旗扶贫办主任温云耀介绍，羊煤土气公司选定该合作社作为中间合作方，把成熟的母鸡和公鸡借给贫困户，每个月合作社向贫困户按保护价收购鸡蛋。

"我家向合作社借了 100 只母鸡、4 只公鸡，自然放养，一个月能下 1800 多颗鸡蛋，合作社保护价收购。我零成本零风险，2017 年挣了 2 万多元。"白泥井镇母哈日沟村贫困户马瑞平说。

温云耀表示，通过互联网手段打破时空阻隔，让供需对接，"借鸡下蛋"模式接地气、潜力大。

图①：广西柳州融水苗族自治县安太乡江竹村成立电商服务站。

图②：江西峡江县"赣农情"电商服务团队在策划网上销售活动。

图③：顾客扫描铁棍山药的二维码追溯其产品质量信息。

图④：云南大理巍山县马鞍山乡村民正在分拣装运红雪梨供电商采购。

图⑤：第一届西藏青年电商扶贫创业专项赛现场。

图⑥：山东沂源县西沙沟村村民在学习电商创业知识。

解决供需双方信息不对称，电商扶贫才能走得更远。上网买蛋，很多消费者关心，如何确保买到的是优质土鸡蛋？达拉特旗农牧业局与羊煤土气网合作开发了农产品质量追溯系统，微信扫码后，鸡蛋的原产地、生产者信息、检测信息等一目了然；再通过谁家鸡蛋质量谁负责的方式，引导农户生产放心蛋。

有了品质保证，借助电商平台，贫困山乡的优质农产品卖上了好价钱。

2017年，山西省平定县巨城镇半沟村的"半沟"红薯，在网上卖火了，价格也由原来的每公斤1.6元涨到了4.6元，种植户收入大增。这其中一个重要原因，就是"半沟"红薯有了"身份证"。

2016年，平定县开启全国电子商务进农村综合示范县创建，县里依托驿拓电子商务产业园，成立了农村电商公共服务中心并自建"三晋特产网"线上销售平台，开展农产品防伪溯源安全体系建设，对农产品进行全程品质控制。半沟村的绿色红薯成为平定县首批可溯源农特产品，插上网络翅膀畅销全国。

村民家门口开网店缓解滞销贱卖

2016年夏天，鄂尔多斯市槟果农牧电子商务有限责任公司电商扶贫发起人高振博下乡调研时发现，吉格斯太镇上百万斤西瓜卖不出去。"很多农牧民贫困，很大程度上是因为盲目跟风种植，种出来的东西卖不上好价。我们的电商平台，可以帮他们解决这个问题。"为此，高振博组建了一支电商精准扶贫执行团队。

进驻吉格斯太镇大红奎村后，槟果农牧团队组织村里13户国家级贫困户，成立了达拉特旗绿兴农发种养殖农民专业合作社，公司与合作社签订订单，引导贫困户发展适销对路的农副产品，公司以高于市场价收购销售，种植户亩均增收200元。

不少贫困地区的农民，特别是新型经营主体也开始主动"触网"。

山西平定县冠山镇里社村候旭明是县里第一批"触网"农民。2016

年年底，他入驻县里的驿拓电子商务产业园后，享受到免租金、水费等优惠，还有统一的货源及物流服务，网上销售额迅速增长，2017 年已突破 200 万元。"现在县里电商创业的环境好、氛围足，争取两年内把销售额提升到 500 万元。"候旭明信心满满地说。

近日，平定县张庄镇下马郡头村小学教室里，迎来了 100 多位久违课堂的村民。他们来这里参加县农村电商公共服务中心电商知识培训和现场实际操作。蜂农冯巨成听完课后，高兴地说："以往卖蜂蜜更多靠口口相传，价格也不高。这下可好了，我回去要把我们蜂业合作社的社员都发动起来，改进包装放到网上去卖，咱这么好的蜂蜜肯定也能卖上好价钱！"目前，平定全县已有 4400 多人次接受了电商知识培训，500 多位种养专业户着手创办自己的网店。

推进供给侧改革发展瓶颈有待突破

目前，电商扶贫逐步形成了"政府主动搭台、企业积极参与、贫困户精准受益"的良好局面，潜力逐步释放，在脱贫攻坚中的作用日益明显。

"电商扶贫绝不是一根网线、一台电脑那么简单，关键是要形成稳定的消费群体和销售渠道，这就需要不断创新。"高振博说，槟果农牧电商平台目前也遇上了发展瓶颈，"客户重购率最高也就 20%，客户再收集和维护成本高、难度大。"

实际上，记者调查发现当前好多农村的电商扶贫工作站都成了生意冷清的"僵尸馆"。别的不说，如何在海量网店、天量网购商品中被消费者相中，就是一个很大挑战。

记者在电商扶贫起步较早的江苏省宿迁市采访发现，现在各大电商平台上销售的特色农产品多如牛毛，想要卖得俏，必须加大营销推广。宿迁市丁嘴镇党委书记仲凤武说，单个贫困户做互联网营销不现实，必须提高特色产业的组织化程度，依托龙头企业、合作社等打造品牌，加大推广。

"电商扶贫要取得更好的效果，需要政府、电商平台、新型经营主体等多方携手，把贫困群众的生产纳入电商销售网络中。"拼多多副总裁葛爽认为，电商扶贫需要政企联手，但要处理好两者的关系。

华中师范大学减贫与发展研究院院长陆汉文表示，电商扶贫归根到底需要发挥市场在资源配置上的决定性作用，但也需要政府加大政策服务有效供给，加大良好发展环境营造，同时减少不必要的行政干预，避免越俎代庖。

"为贫困地区特色农产品提供电商销路，只是电商扶贫的第一步。最艰难也是最重要的一步，在于逐步扭转农民的思想观念，在农产品供给侧结构性改革上下更大功夫。"在葛爽看来，拼多多内部有专门的运营人员依托庞大的用户大数据，可以更好指导贫困群众生产适销对路的农产品，帮助贫困户丰产又丰收。

（原文发表于《人民日报》2018年1月25日第11版，版名《新媒体》，作者：顾仲阳、晋美多吉）

作者感言

电商的迅速崛起是我国近年来新经济快速发展的一大亮点。电子商务能有效缓解贫困地区地点偏僻等劣势，发挥贫困地区农产品安全性高、品质好等优势，更好满足人民群众日益增长的美好生活需要。因而，这些年贫困地区都大力发展电商扶贫。如火如荼的电商扶贫在促进农产品上行、增加农民收入方面发挥了重要作用，但也面临一系列发展瓶颈待突破。方向正确，还需加力。

念好"山字经"，唱活"林草戏"

——云南林业生态产业成为群众稳定脱贫的"绿色银行"

贫困人口众多，山区农民特别是"直过民族"贫困面广、贫困程度深；全省94%的国土面积是山区，66%的面积是林地，这是云南的基本省情。长江上游重要生态屏障，拥有全流域11.5%的森林面积和15.6%的森林蓄积，这是云南在全国的生态地位。

建设生态文明"排头兵"是党中央对云南的战略定位，脱贫攻坚是当前云南的第一要务。"云南要打赢打好脱贫攻坚战，应立足山区优势，根据省委省政府发展高原特色现代农业的要求，念好'山字经'，唱活'林草戏'。"云南省林业厅厅长任治忠这样说。

采取超常规举措，全力推进重大生态工程建设、打造现代生态产业集群、创新生态扶贫方式……脱贫攻坚战打响以来，88个贫困县提前实现《云南省脱贫攻坚规划（2016—2020年）》提出的森林覆盖率达到60%的目标，林业生态产业成为茁壮生长在大山深处、贫困群众赖以稳定脱贫的"绿色银行"。

贫困户户均4.3亩经果林，夯实脱贫基础

昭通市镇雄县地处乌蒙山区腹地，是云南脱贫攻坚难啃的"硬骨头"之一，杉树乡是镇雄县最偏远的乡镇，长期以来这里的很多农民靠种荞麦和洋芋勉强饱肚。2002年起，退耕还林工程的实施，让这里很多农民

的生活大变样。全乡群众累计享受国家退耕还林直接补助 3.69 亿元。全乡 60% 的群众发展起了竹产业，片片竹林撑起了农民节节高的收入，杉树乡彻底摆脱了贫困。

依靠退耕还林好政策，临沧市永德县大雪山乡大宗箐蚂蝗箐村 34 户农民种起了澳洲坚果，他们不仅告别了贫困，还实现了小康。18 年前他们住的是木片房，现在家家户户盖起了小洋楼，甚至开上了小汽车。群众的感情是真挚的，他们把致富后盖的房子、买的车子，叫作"坚果房""坚果车"。

山区脱贫，关键在产业。云南把退耕还林工程作为统筹推进全省脱贫攻坚与绿色发展的重要抓手，将绝大部分退耕还林还草任务安排到了贫困县，并相继出台了加快核桃、油茶、澳洲坚果等林特产基地建设的政策措施，做大做强林业生态产业，让贫困人口最大程度受益。

退耕还林"还"出一片片"脱贫林"，结出累累"致富果"。截至目前，云南全省木本油料种植面积已达 4900 万亩，产值 290 亿元，核桃种植面积、产量、产值均居全国之首；澳洲坚果种植面积更是占据全球 50% 左右……88 个贫困县建档立卡贫困户户均拥有 4.3 亩经果林，人均林业收入突破 2000 元。

林子要"出"更多的票子，必须推进供给侧结构性改革。云南从打造现代产业集群的高度着眼，提升核桃产业，初步建立起集种植、加工、流通、科研于一体的全产业链体系。云南省将举办 2018 年第八届国际澳洲坚果大会，建成全国首个国家坚果类检测重点实验室，培育以"云澳达""云果"为代表的名牌产品……云南种的澳洲坚果正在成为世界优质坚果的代表。

莽莽群山成为现代林产业的"第一车间"，万千林农成为"产业工人"。依托退耕还林等生态工程，现代林产业已经成为贫困地区县域经济的支柱产业，成了山区群众脱贫致富的重要依托。

产值超 650 亿元，林下经济开启山区创富大门

丽江市玉龙纳西族自治县鲁甸乡，曾是"木头财政"时代金沙江上游最热闹的乡镇。天然林禁伐后，鲁甸农民在林业部门的引导下，放下斧头，拿起锄头，发展起林下特色产业。

如今，鲁甸已是著名的"中国林药之乡"，成为全国最大的滇重楼、云木香、秦艽种植基地，全乡各类药材年产值突破 3 亿元。当地龙头企业云鑫公司扶持 300 户贫困群众，辐射带动 1200 户农户，种植起 2000 多亩重楼，亩产值最高可达 35 万元。重楼种植期长，成本高，在地方政府帮扶下，贫困户只要种上重楼，就有了脱贫的希望。

七彩云南，森林生态旅游资源得天独厚。普达措国家公园里游人如织，公园以较小面积的开发利用，实现了对区域 95% 以上面积的有效保护。每年普达措国家公园都会提取部分门票收入反哺社区居民，摆脱贫困的社区居民生态保护意识也得到了提高。自运行以来，公园生态质量不降反升。普者黑国家湿地公园是全国"景区带村"旅游扶贫示范景区，景区群众人均年收入超过 3 万元，走出了一条利用绿水青山发展旅游从而脱贫致富的康庄大道。

严格保护、强化管理、合理开发、永续利用。云南不断创新体制机制，初步形成了以森林公园、自然保护区、国家公园、湿地公园为主体，各类动植物园和国有林场为辅助的森林旅游体系，2017 年全省森林生态旅游收入达 105.9 亿元，直接带动相关产业产值 93 亿元。

林下成了"聚宝盆"，好风景带来好"钱景"。在云南茂密的森林里，贫困山区群众正演绎着各种创富故事。云南把林下经济作为山区群众脱贫的重要产业，挖掘林业资源利用空间：滇中地区以野生菌、林下药材为主，滇东北地区以天麻、重楼为主，滇南地区以石斛、三七和林下野生动物繁殖驯养为主，滇西北及滇西南地区开展森林生态旅游。2017 年，全省林下经济产值超过 650 亿元。

爱林护林，绿色发展理念塑造山区现代林农

2018年，迪庆藏族自治州香格里拉市建塘镇尼史村哈格小组藏族农民格桑批初脱贫出列。

几年前，格桑批初因为给女儿看病花光了所有的积蓄，成为贫困户。林业部门聘他为生态护林员，每年工资1万元左右。2017年他还清了女儿看病的贷款，还给儿子在城里开了个小超市。因为脱贫出列，他不再被续聘为生态护林员，但他对村里的生态环境依然很在心："村里人靠山、靠海子（纳帕海）生活，环境好了，我们的生活才会越来越好。"

从2016年开始，我国选择符合条件的建档立卡贫困人口从事森林管护，通过安排生态护林员岗位带动贫困户脱贫。云南省的生态护林员岗位安排重点向攻坚任务重、脱贫难度大的地区倾斜，目前全省共有生态护林员5.46万人，年均增加工资性收入9000多元。怒江傈僳族自治州贡山独龙族怒族自治县，是云南脱贫攻坚的重点，目前2520名贫困人口被选聘为生态护林员，每月增加了800元的劳务收入，贡山县脱贫前景可期。

"护林员这份工作帮助我脱贫，我非常珍惜，每天认真巡山，看护好这片山林，来回报党和政府对我的帮扶。"怒江傈僳族自治州兰坪白族普米族自治县兔峨乡吾马普村护林员余四龙说。生态护林员制度建立起了一种比较稳定的生态扶贫机制，让很多贫困群众肩负起"为国护林"的神圣使命。事实上，一个护林员岗位能带动一个家庭脱贫，能有效增强山区贫困人口的发展自信和内生动力，提高他们的生态保护意识。

通过行走林区，跟生态护林员交流，采访林农，能强烈地感受到，随着林业生态扶贫的深入推进，一批具有生存技能、有发展动力、主动呵护青山绿水的农民，正在成为与绿色山川和谐发展、一起成长的大山"新主人"。

从天然林禁伐斧锯归仓，到现代林业发展引领生态扶贫，云南林业从"筚路蓝缕，以启山林"的不懈努力中一路走来，始终与山区贫困群

190

众心手相连。

任治忠说，经过多年的潜心培育，林产业已经成为云南贫困地区群众脱贫的民生产业，但与贫困群众脱贫的迫切期盼相比，与林业蕴藏的巨大产业优势、政策机遇相比，林产业带动山区群众增收致富仍有差距，林业生态产业仍有较大潜力，云南需下大力气补齐产业发展短板，将资源优势转化为产业优势。离2020年打赢脱贫攻坚战不到3年时间，激活林业生态建设蓄积的"绿色资本"，扛起林业生态扶贫大旗攻坚拔寨，时不我待！

（原文发表于《人民日报》2018年9月2日第9版，作者：顾仲阳、张莹）

作者感言

七彩云南成了全国剩余脱贫人口最多的省份，令人感慨！在笔者的印象中，与缺水的西北、缺土的贵州相比，云南的发展条件不算太差。

在云南，很多贫困地区被大山所困，但出路恰恰也在大山之中。山上生物资源丰富，让林子生票子，林业生态产业大有潜力可挖。脱贫攻坚重在精准，近年来，云南很多地方重新审视自己，因地制宜大力发展林业生态产业，走出了一条新的"靠山吃山"之路，令人印象深刻。

发展林业生态产业，一方面可以帮助群众脱贫致富，另一方面可以保护好青山绿水，一个战场打赢精准脱贫和污染防治两大攻坚战，其他有条件的地方，何乐而不为呢？

乡村好声音，传递正能量

——四川省广元市利州区发挥"知客"作用，开展思想扶贫，打造文明乡风

在川北农村，人们把红白喜事主持人称作知客。知客对农村人情世故非常熟悉，而且在乡村有很高的地位与威望，某些情况下在推动农村精神文明建设方面具有天然的优势。在广元市利州区，就有一批知客，在脱贫攻坚和乡村振兴中发挥着重要作用。

扶志扶能树新风，脱贫攻坚动力足

一大早，利州区 110 路口市场，樊万华的"火地坡"鲜肉店门前就排起了长队。

肉铺生意好，不仅因为这里供应纯粮食喂养的跑山猪肉，更因为店主樊万华是利州的"名人"。2017 年 12 月 13 日，龙潭乡官山村贫困户樊万华特意杀了两头跑山猪，在火地坡农场摆了个感恩宴，请村里 70 岁以上的老人、"五保户"赴宴，并赠送每人 3 斤猪肉。

2015 年 8 月，樊万华的妻子被确诊为肺癌晚期，仅 4 个月就撒手人寰。失妻之痛，加上累累外债，一度让樊万华失去了生活目标，对帮扶也不积极配合……"我们劝了好多次都没用，就想着把乡里有名的知客杨明全喊来做做思想工作。" 官山村第一书记岳秀国说。

岳秀国想出这招实属无奈，但也很有深意。2016 年元旦，岳秀国和帮扶干部叫上杨明全以及跟樊万华关系很近的邻居，在老樊家过了个节。

几杯酒下肚，大家开始劝老樊："你不能再这样消沉下去了。日子

总得过啊！""松娃子（樊万华的儿子樊松）26 岁了，眼瞅着就该娶媳妇了"……杨明全也顺势接话："现在扶贫政策好，把娃儿喊回来发展产业，爷俩相互有个照应嘛。金洞那边有个祁玉龙，夫妻俩都是残疾人，但人家就不认命。这不，通过养猪日子过得好好的。"

"是啊，日子总得要过。"又干了一杯酒，樊万华长长地舒了口气，"大家这么帮我，我还有啥理由不振作起来？"

很快，樊万华办起了火地坡家庭农场，养起了跑山猪，种上了经果林。刚起步时，猪舍不通水、不通电，老樊就把饲料打碎后从 2 公里以外的家中背到猪场来；为了方便照料，他在猪圈里睡了几个月……功夫不负有心人，樊万华很快就脱了贫。

利州区委书记刘襄渝介绍，2017 年区里要在全市率先脱贫摘帽，为增加脱贫攻坚内生动力，2016 年区委宣传部创新开展了"扶志扶能树新风"活动。在基层调研走访中发现，知客在红白喜事等场合讲的东西通俗易懂，群众非常爱听，一些看似枯燥深奥的大道理硬政策，通过知客的巧嘴转换变得好听好记。2017 年初，由利州区宣传部门牵头，区作协具体负责，通过知客本人申报、乡村干部推荐、部门实地寻访等方式，将全区 123 名农村知客统一收编在册，组成了 21 支宣讲队进行思想扶贫。

利州区委宣传部部长郑娟介绍，知客宣讲队进村入户开展宣讲，唱词涉及"扶志扶能树新风"、社会主义核心价值观、移风易俗、党风廉政等方面，他们将党的扶贫好政策以群众喜闻乐见的形式传递，乡村好声音激发了贫困群众用辛勤劳动改变生活现状的斗志，脱贫攻坚更有干劲。

好政策用好段子宣讲，农民乐享精神"坝坝宴"

"脱贫攻坚搞到底，致富关键靠干部……"台上， 赤化镇清江村知客严长金中气十足的唱白，引得村民不时拍手叫好。

这样一个典型的四川农村婚礼现场，如今成了政策宣讲的最前沿，乡亲们吃好喝好的同时，也享受到了一顿丰盛的精神"坝坝宴"。区里的知客协会还利用农民夜校、院坝会、集体经济分红大会等平台开展宣讲，累计宣讲政策 1000 余场，实现了村组全覆盖。

除了宣讲国家大政方针，知客们还经常宣讲好政策带来的身边大变化。

"众位乡亲听我讲，眼前月坝新气象。条条新路翻山梁，通村通组宽又长……易地搬迁建新房，微庭院前菜花黄。农民夜校广播响，技术培训送当场……文化院坝面积大，学习娱乐聚力量。扶志扶能树新风，精神抖擞好威风。脱贫全靠共产党，乡村振兴奔小康……"采访完白朝乡月坝村，再听知客杨秀林用通俗易懂的语言全面讲述脱贫攻坚带来的变化，记者不由得为他拍手叫好。

杨明全自创的龙潭乡春风村"十大变化"顺口溜同样精彩。"想起以前真可怕，三通（公路、水、电）不通老实话，走路两小时才到家，挑水排队还打架。春风扶贫变化大，所有公路全加宽，手机被窝里面打……"

"杨明全都说到我心里去了。"春风村五组村民杨成云说，有一次他坐拖拉机去城里卖鸡蛋，哪知一路颠簸到城里，纸箱子里 60 个鸡蛋只剩下 3 个是好的，其余都被震得稀巴烂。"现在路修好了，坐车一点都不颠了。"

"政策越来越好，老百姓的日子越过越有盼头，我作为知客宣讲队的一员，就想多给大家鼓点劲。"杨明全说，几年前报酬低于 600 元他是不会出场的。如今不管红白喜事，他统统只收 200 元。

"我们村再也不是外人眼中的'告状村'了。"春风村党支部书记胡连海自豪地介绍，以前村里三天两头有人告状。知客进村宣讲后，老百姓的观念慢慢变了，业主也愿意进村流转土地发展产业了。2017 年全村流转 50 亩土地发展果蔬产业，村集体经济入股 15 万元，村民人均分了 20 元的红利。第一书记张志平高兴地告诉记者，现在大家心往一处想，劲往一处使，果蔬订单不断，村里的 30 户贫困户全部脱了贫。

好风气用好榜样引领，乡村名嘴传播文明新风

2018 年，利州区如期脱贫摘帽。伴着乡村振兴战略的实施，知客宣讲队又多了一项重点工作——为建设文明乡风添砖加瓦。

"老胡，卫生打扫了没有？""呵呵，打扫得干干净净，快请坐。亏得易地搬迁政策好，穷人新房住得早，不愁吃来不愁穿，还得养成好习惯……你讲的我都记住啦。"春风村二组脱贫户胡连军热情地招呼杨明全和记者落座。

"春风有个胡连军，辛酸苦辣都不怕，管爹管妈管娃娃。吃苦耐劳到而今，女儿考上研究生……"刚坐下，杨明全便表演起来。"这是我在红白喜事上夸自力更生、夸勤劳致富等必选的段子。"他说。

胡连军喜滋滋地告诉记者，前几年家里穷，妻子外出打工后一去不返，一家老小的生活靠他一人独撑。后来，受益于精准扶贫政策，他家日子有了起色，杨明全等知客经常来家里鼓励他，经过再就业培训，胡连军现在一个月能挣四五千元，日子过得越来越有盼头。

"脱贫很不易，小康更要努力。劝诫众乡邻：切忌儿娶媳妇娘脱皮。婚嫁讲分寸，高额彩礼娶不起，大操大办更浪费，喜事简办好风气……"这是白朝乡新华村知客李福生表演的《喜事简办风气新》。2013 年，雪峰街道办事处泡石村村民樊荣山，为儿子儿媳举行了一场简朴的婚礼——"亲朋好友自愿参加，拒绝收钱收物"，这深深触动了他，他开始利用知客身份大力宣传喜事简办。

"老李宣传的，正是我们党委政府提倡的，喜事简办。"白朝乡党委书记张玉全说，现在，农村喜宴的酒席越办越精简，礼金负担越来越轻。新华村三组村民贾天文嫁女儿，不收男方分文彩礼。贾老汉说得实在："我是嫁闺女，不是卖闺女。再说嫁到男方，欠下的债务也得我女儿还，那不是让女儿嫁出去受苦吗？"

"'不比吃穿比德行，家风好，民风好，不怕日子过不好'……宣

讲活动开展一年多来，乡风明显更淳朴了，乡亲们的日子也过得芝麻开花节节高。"刘襄渝说。

（原文发表于《人民日报》2018年9月16日第11版，作者：顾仲阳）

作者感言

    随着脱贫攻坚战的深入推进，贫困群众"等靠要"思想严重，问题日益凸显，但精神扶贫往往成效不明显。这固然有思想工作见效慢等客观原因，但跟我们的工作方法欠佳也有直接的关系。利州区的精神扶贫，在政府主导的同时，充分发挥知客这一民间力量的作用，取得了很好的效果。这给我们的其他扶贫工作也有启示：政府主导但不能大包大揽，要充分调动一切力量，发挥各自所长，众人拾柴火焰才高，扶贫工作质量才能更高。

扶贫走新路，春雨润湘西

——湖南以十八洞村为样板，复制推广精准脱贫经验

截至 2018 年年底，湘西州 1110 个贫困村累计出列 874 个，66 万贫困人口累计脱贫 55.4 万。2018 年，十八洞村人均纯收入增加到 12128 元，而 5 年前只有 1668 元。

春雨淅淅沥沥，漫山遍野的绿，被洗得水灵灵的；一片片的油菜花，被洗得油亮亮的。雨中的湖南省湘西土家族苗族自治州花垣县十八洞村，空气清新，风景如画。见到记者，梨子寨的石拔专老人回忆起那难忘的一幕：2013 年 11 月 3 日，习近平总书记来到乡亲们中间，作了"实事求是、因地制宜、分类指导、精准扶贫"的重要指示。

自此，十八洞村成了全国精准扶贫的首倡地，开启了精准脱贫的征程——强化组织引领，激发群众干劲，找对脱贫产业。2017 年 2 月，十八洞村全部贫困人口脱贫。2018 年，全村人均纯收入增加到 12128 元，而 5 年前只有 1668 元。

对于十八洞村的脱贫事迹，国务院扶贫办主任刘永富表示："十八洞村正是习近平总书记扶贫工作重要论述在湖南成功实践的缩影，十八洞村的做法经验，值得全国复制推广。"

如今，在湘西州，以十八洞村为样板，一条可复制可推广的精准扶贫好路子不断延伸……截至 2018 年年底，湘西州 1110 个贫困村累计出列

874 个，66 万贫困人口累计脱贫 55.4 万，一幅脱贫致富的宏伟画卷，正在湘西州的青山绿水间展开。

统筹力量合力攻坚，基层党组织充分发挥作用

"书记，我还是想入党。"走进村部大门，75 岁的十八洞村村民施阳茂第七次找到村支书龙书伍，表达加入党组织的愿望，言辞恳切。

不多分钱，不享优惠，一个党员身份，为何有如此强的吸引力？

"加入党组织，既是荣誉，更是责任。"龙书伍说，自从精准扶贫工作开展以来，十八洞村最大的变化，发生在党支部。

2014 年以前，十八洞村党支部班子成员只有 3 个人，20 世纪 90 年代以后入党并且留守村里的党员屈指可数。

村子发展得看人，支部松散，不能带村。十八洞村的扶贫，着手处抓住了增强基层党组织建设这个关键。2014 年和 2017 年，十八洞村两次换届选举，把党支部班子成员年龄降下来，能力提上去；把党员队伍发展起来，力量发挥出来。

书记带领支部，支部建设小组，小组团结村民。如今，十八洞村产业兴旺、乡村旅游、公共服务、夕阳红 4 个党小组将全村 900 多名村民紧紧团结在一起。

以支部建设为基础，发挥党员先锋模范作用，湘西全州在脱贫路上使对了劲。

春雨中，凤凰县千工坪镇胜花村村口的猕猴桃基地里，不少村民在冒雨栽植树苗。午饭时分，记者结束采访离开村子，不少村民蹲在田埂上，吃着从家里带来的盒饭。

当了 30 多年村干部的村委会主任吴吉平告诉记者，扶贫好政策，各级政府、社会各界倾力帮扶，把乡亲们的心焐热了，干劲激发出来了，这种集体冒雨干活的场景又回来了。

说起猕猴桃，五组的村民龙威再打开了话匣子。

早些年，为了给长女看病，龙威再四处求医，一度负债 10 多万元。他先后种过苹果、葡萄，养过羊，可惜这些产业要么不适合、要么遭了疫病，先后均告失败，一度压得龙威再差点低头认命。

精准脱贫攻坚战打响后，村里决定在产业链上建支部。2014 年，在猕猴桃产业党小组的带动下，龙威再种了 5 亩猕猴桃。2017 年，猕猴桃首次挂果，就给他带来了 1 万多元收入。有了主心骨，技术有靠山，销售有保障，龙威再流转村民的土地，把猕猴桃扩种到 80 多亩，顺利还清了所有欠债。猕猴桃产业，让龙威再日子越过越红火。

农村富不富，关键看支部。如今，在产业党小组的带领下，胜花村的猕猴桃、茶叶、黑木耳等扶贫产业搞得有声有色。凤凰县委组织部部长覃振华说，这是村党组织战斗堡垒作用的生动体现。

产业大有起色，基础设施短板也补了上来。"人在泥地走，水在地下流，几天不落雨，水能贵过油。"胜花村是个深度贫困村，过去群众行路难、吃水难、办事难。现在，水泥路通村通组，自来水进村入户，综合服务中心让村民办事不出村。

吴吉平向记者感慨，之前自己没少跑项目，可修通村道毛路前后花了 8 年，硬化路面又花了 4 年。脱贫攻坚战打响后，光 2018 年全村扶贫项目就投入了 800 多万元，装路灯、修停车场，这些在过去很难办成的事，这几年基本上做到了"马上就办"。

精准扶贫带来大变化，胜花村是湘西州的一个缩影。州委书记叶红专说，脱贫攻坚战打响以来，湘西州进入了减贫人口最多、农村面貌变化最大、群众增收最快和获得感最强的时期。

而这背后，是多少扶贫干部的辛勤付出。各级干部真帮实扶，干群之间的心贴得更近了。叶红专告诉记者，脱贫攻坚刚开始时，他到村里问贫困户：这个月帮扶干部来过没有？有贫困户会回答：记不得了。现在问同样的问题，经常有贫困户这样回答：这个月来了几次，都记不清了。"帮扶干部和贫困群众走动多了，感情深了，工作自然好开展了。"叶红专感慨道。

用好典型，加强技能培训，真脱贫

精准脱贫，外部帮扶固然重要，激发内生动力才是根本。

一开始，十八洞村不少村民不明白这个道理。2014年春节，已经过完年八九天，往常外出打工的村民在观望，没有出门。时任驻村第一书记龙秀林意识到，以前的扶贫方式走不通，先想办法改变群众思想状态，扶贫才有希望。最终，村里推行的群众思想道德星级化评比发挥了作用。村民施六金的转变，就是例子。

在十八洞村，施六金算是个"人物"。一表人才，却40岁都还没娶到媳妇，其中思想落后是个重要原因。扶贫工作队驻村后，第一项工程是改造农网，施六金第一个跳出来反对：电线杆要架在他家田里，他大闹村部，扬言要把电线剪了。

因为阻拦架电线杆，在道德评比会上，施六金家被村民投票评为二星家庭，全村最差。高挂在大门上的二星标牌，让施六金浑身不自在。他摘下牌子，主动跑到村委会认错。之后村里的大事小情，施六金都积极参与，建矿泉水厂等项目，他还当起了骨干。现在的施六金，当起了导游，开起了农家乐，新娶了媳妇，成了村里脱贫致富的典型。

用好典型宣传教育，十八洞村村民的"等靠要"思想下去了，勤劳脱贫的精气神上来了。

开设道德讲堂，评选"最美脱贫攻坚群众"，扶贫干部持之以恒做思想工作，湘西出实招，下硬功，激发贫困群众内生动力。春风化雨，渐渐地，贫困群众的脑袋富了，干劲足了。

对此，龙山县石牌镇桃源村党支部第一书记李世选感受挺深。

2017年刚到村里不久，就有村民偷偷找李世选告状：你结对帮扶的刘大相不务正业。一了解，李世选才知道，刘大相四十好几，妻子患病，子女上学，村干部帮衬着叫他打点零工，他却三天打鱼两天晒网。

扶贫先扶志。一个月内，李世选踏进家门做思想工作的次数，多到让刘大相都不好意思起来。但说起"要努力脱贫"，他经常躲闪迟疑。有一次，李世选急了，撂下狠话转身就走："现在扶贫政策这么好，你再不努力，打算穷一辈子呀！"

激将法起作用了。刘大相想了一晚上，第二天一大早，他走进村部："李书记，我想养蜂，可是没本钱。"

想干就好办。依托产业扶贫资金，刘大相养起了 13 箱蜜蜂，2018 年卖蜂蜜收入 1.2 万元。尝到甜头后，他越干越有劲，种百合，当护林员，一年又进账两万多元。有了本钱，他又买来微型翻耕机。由于技术好，附近湖北和重庆的农民都来请刘大相翻耕土地，好几个年轻人都来找他拜师学艺。

政策好，有奔头。很多贫困群众都撸起袖子加油干，就连耄耋老人都不甘落后。

早上 7 点不到，永顺县对山乡青龙村一组的肖维心老人便来到自留地忙活。老人已经 82 岁，但仍然做着力所能及的事，辛勤劳动换来了家门口坪场上晾晒的茶籽、屋里满缸的苞谷，还有屋前院后活蹦乱跳的几十只土鸡。经常有人这样问他：您这么大年纪，怎么还这么拼啊？老人总会一脸认真地说："我老了，可我也不想在脱贫路上掉队啊！"

遇到对扶贫政策有抵触情绪或发牢骚的小辈，肖维心老人总会劝上几句："你们的问题在于不会比，总喜欢比享受的补助多少，比来比去，比出一肚子怨气，要多比志气、比能耐。人啊，要知恩惜福，知足才能常乐！"肖老的一番话，说得这些年轻人面红心跳。

扶贫要扶到根上，贫困群众不仅"要脱贫"，还要"能脱贫"。这其中，掌握一技之长很关键。

张秋菊是龙山县里耶镇锁湖村的贫困户，下肢瘫痪，生活困苦不堪，几度想轻生。龙山县惹巴妹手工织品有限公司总经理谭艳林得知后，多次上门劝导，安排她参加培训，还手把手地教她手工编织技能。当她的第一批织品卖出去时，张秋菊激动得哭了，生活的希望重新点燃。

"我不仅要把湘西手工编织技艺推向世界，还要以此帮助更多的人。"在相关部门的支持和指导下，谭艳林组织开展了手工编织巡回培训，并在5个县设立了扶贫车间。每设一个扶贫车间，她都要亲自给贫困户开会，激发斗志，传授技能。对一些学习能力较差的贫困户，谭艳林总是不厌其烦地教，一次次免费提供材料，让他们勤加练习。目前谭艳林的扶贫车间共带动贫困户690人、残疾人200多人，很多已经顺利脱贫。

因地制宜发展扶贫产业，夯实稳定脱贫基础

眼下正是春耕时节。"在继续发展好猕猴桃、乡村旅游等主导产业的基础上，再组织村民成立合作社，种茶树、优质稻、菩提树，所有产品都用十八洞这个公共品牌。"花垣县委驻十八洞村乡村振兴工作队队长石登高，已把2019年村里发展什么项目、群众从哪里增收想明白了。

脱贫致富，发展产业是根本之计，但也最难。

保靖县吕洞山镇黄金村，名字十足金贵，却一度是个成色十足的贫困村。一大原因，就在于一直没找对主导产业。

村支书龚伍金告诉记者，早些年，村里跟风种过烟叶，产量低、品质差，黄了；后来又种脐橙，路不通，销售难，"掉到土里、堆到沟里，就是进不到钱包里"。

精准扶贫后，村里开始认真思考：到底该发展什么扶贫产业。村子两山耸峙，夹着一道河湾，非常适合种茶。出路其实就在眼皮底下。于是，党员带头示范，合作社组织农民统一管理、统一销售。全村种植茶叶2.2万亩，发展起茶叶加工合作社22个。县里也把黄金茶作为一个知名品牌，大力推广，黄金茶真的成了群众脱贫致富的"黄金叶"。

"6亩多地全种了黄金茶，这两天新叶冒得多，要抓紧时间采。"贫

困户石远彪腰间系个竹篓，忙着采茶，得空跟记者说上几句。这两年，卖茶叶撑起了钱袋子，石远彪顺利甩掉穷帽，黄金村得以整村脱贫。

种养产业可以致富，但也不能包打天下，龙山县苗儿滩镇捞车村的群众深有体会。除去山林，全村人均耕地2.2亩，在整个湘西都算得上"家底殷实"。可是，当地群众几乎把适宜当地种植的农产品试了个遍，依然没能拔掉穷根。

"种稻谷，种油菜，种柑橘……能挣多少钱？"在讨论全村产业发展方向的大会上，有村民这样问。一个问题，惊醒了一村人。环顾四周，这座土家寨，有近百座保存完整的明清老宅，窨子屋、四合水屋、转角楼等传统古建筑极富民族特色。重视保护传统民俗和原始风貌的村民们，从2000年开始，就没在寨子里建过砖瓦房。

循传统，不守旧，村里改变思路，利用本地得天独厚的文化资源，从2016年起发展旅游产业。"乡村旅游，就得要有乡村味。"捞车村村支书向福孝说。为此，村里修旧如旧，在保护好既有风貌的前提下，对民居进行合理改造，不少村民办起了农家乐，开起了民宿。2019年春节前后，贫困户向清家里的10多个床位，住得满满当当。

依靠旅游，村里的传统工艺——土家织锦也走出了深山。"老老少少都能织，村里70多岁的老奶奶，一年也能收入1万多元。"向福孝说。

跳出捞车村看全镇，山水风光神奇，民族风情浓郁，生态文化旅游品牌就有好几个，捞车、黎明、六合和树比4个村子，旅游资源丰富而独特。于是苗儿滩镇把这4个村串点连线，联手打造景区，通过吸纳就业、资源股份分红等方式，带动更多贫困户迈向小康。让美丽战胜贫困，苗儿滩镇找到了适合自己的产业扶贫路子。

产业扶贫，既要结合实际，又要打好特色牌。在这点上，永顺县走得颇顺利。

当地很多农民都有种植油茶、土法榨油自家食用的传统，但苦于没有深加工，茶果一直卖不上价。没有"钱"景，农民也就不上心管理，油茶林亩产很低。县里顺势而为，整合资金，帮助农民进行低产油茶林改造。毛土坪村贫困户李枝洪告诉记者，低改效果立竿见影，第二年亩产油茶果就从300斤翻番到600斤。县里还引进了龙头企业——湘西沃康油业科技有限公司落户。公司常务副总经理周朔介绍，公司对油茶果"吃干榨尽"，可年产茶油1.5万吨、皂角素1万吨，油茶果壳全部用来生物质发电。深度加工利用保证了公司能以比一般农户一斤贵0.2元的价格，敞开收购贫困户的油茶果。2018年，李枝洪的25亩油茶收入3万元。

实实在在的效益，也带动了农民新造油茶林的热情。目前永顺县油茶林面积达到38万亩，通过直接帮扶、委托帮扶、股份帮扶、合作帮扶等方式，带动近5.6万贫困人口增收。

"一村一品""一乡一特""一县一业"，该大则大，宜小则小，湘西因地制宜，精心布局扶贫产业。现在，每个贫困村都有1个以上当家产业，每户贫困户有1个以上增收项目，夯实了稳定脱贫的基础。目前全州2/3以上贫困人口通过产业带动实现增收脱贫，83%的贫困村集体经济收入有5万元以上。

结束在湘西的采访，春雨还在绵绵地下。精准扶贫，如春雨滋润着这块贫瘠的土地。采访期间，恰逢花垣、泸溪等县相继召开脱贫摘帽誓师大会。会上，很多干部群众表示，精准扶贫首倡之地当有首倡之为，将一鼓作气、保质保量地打赢这场精准脱贫攻坚战。

（原文发表于《人民日报》2019年3月31日第1版，作者：杜若原、顾仲阳、申智林）

作者感言

　　十八洞村是习近平总书记第一次提出要精准扶贫的地方，那里的扶贫工作肯定做得好，但会不会是"盆景"？我去采访之前心中带有这样的疑问。深入采访发现，十八洞村的精准扶贫确实做得好，但这并不打动我，真正打动我的是，湘西州以十八洞村为样板，复制推广精准脱贫经验，把"盆景"变成了"风景"。

　　典型引路、示范推广是一种常用的工作方法，但不少地方的不少工作，在典型引路上下大力气，堆大户、造"盆景"，风景这边独好；而在示范推广上风声大雨点小，工作没能善始善终，广大群众诟病颇多。让"盆景"可看可学，把"盆景"复制推广成"风景"，这是精准扶贫首倡之地真正的大价值。

盘绣架桥，拉面开道

——青海海东两个少数民族自治县整体脱贫

海东市是青海省贫困程度最深的地区之一，脱贫之路，该怎样走？海东采取了各项举措：向产业要支撑，发展拉面产业，让村民挣了票子、闯了路子、换了脑子；向传统技艺要依托，盘绣做活了指尖生意，也带火了体验式旅游；移风易俗减负担，老百姓打心眼里欢迎……截至目前全市贫困人口减少到 2.11 万人，其中循化撒拉族自治县、互助土族自治县实现区域性整体脱贫。

海东市是青海省贫困程度最深的地区之一。全市 6 个县区都是贫困县，其中 4 个是少数民族自治县，17.57 万建档立卡贫困人口中，少数民族占48%。

共同富裕路上，一个都不能掉队。脱贫攻坚战打响以来，海东全面压实责任，强化精准扶贫各项举措，截至 2019 年 9 月全市贫困人口减少到 2.11 万人，其中循化撒拉族自治县、互助土族自治县实现区域性整体脱贫。

近日，记者来到互助和循化两县，探寻这里的"脱贫密码"。

挖好传统技艺这块宝　盘绣"绣"出新光景

盘绣是土族特有的一种刺绣，是国家级非物质文化遗产。在互助土族自治县县城北郊的扶贫产业园，互助县素隆姑刺绣有限公司的盘绣扶贫车间吸引了记者驻足,十余位"绣娘"身着民族服饰,正一丝不苟地飞针走线。

扶贫车间里,记者碰到了两位"绣娘",巧合的是,俩人都叫"金花",两朵"金花"各自撑起了一个贫困的家。

五十多岁的席金花是丹麻镇索卜沟村村民,2016 年她来到扶贫车间打工,"坐班"每月能挣 3000 元,不"坐班"也可以领订单回家做。靠做盘绣,席金花家里的境况明显改善。而来自东沟乡大庄村的米金花,丈夫得了脑溢血,孩子还在上学。2015 年她成为素隆姑公司的固定"绣娘",勤劳的她同时还搞养殖、种中药材,2018 年收入五六万元,家里翻盖了房子,添置了家电,日子越过越有味。

"让盘绣这指尖技艺成为指尖生意,为民族工艺拓展市场,是我们的愿望。"素隆姑刺绣有限公司的法人苏晓莉介绍。

"盘绣产品在知名电商平台和大城市门店销售都不错,越来越多的人了解盘绣、喜欢盘绣。"互助县扶贫开发局副局长鲁自治介绍,县扶贫产业园辐射带动 10 个乡村盘绣基地,吸引 1.5 万农村妇女制作盘绣饰品,也为土族盘绣技艺继承发扬提供了广阔的前景。

除了"指尖生意",盘绣产业还衍生出了体验式旅游。"今早又来了 21 个游客。"苏晓莉高兴地告诉记者,公司与旅行社合作,开发旅游体验项目,游客可以在公司的乡村基地体验盘绣制作,吃住在农户家里,同时可以体验放羊、酿酒等农事活动。"这样既能让农户有更多的增收渠道,也能让更多的人了解土族特色文化。"

在互助县,盘绣这项古老的技艺与扶贫产业结合在一起,焕发出新的光彩,当地妇女正用自己的双手,一针一线"绣"出新光景。

打好产业扶贫这张牌　拉面带来致富路

提起海东,人们首先想到的是拉面。遍布全国 270 多个城市的拉面店,是海东一张亮丽的名片。脱贫攻坚战打响后,市里出台了金融扶持、技能培训、提档升级、跟踪服务等一系列举措，打造以"拉面扶贫"为引领的劳务扶贫新模式。

循化是撒拉族自治县，这里山大沟深，黄河河谷两侧几乎寸草不生。靠山不能吃山的撒拉族群众敢为人先，把一碗碗"撒拉人家"品牌拉面从这里端到全国，也把县里的"一核两椒"（核桃、花椒、辣椒）和牛羊肉等特产带向全国大市场。2018年年底，全县近4万人从事拉面生意，年人均收入5万元以上，"一核两椒"产业带动62个贫困村3万多农户户均增收5500元。

白庄镇山根村是个典型的"拉面村"，村党支部引领村民"亲帮亲，邻帮邻，能人带大伙"，发展"拉面经济"脱贫致富，全村有350人在外经营拉面馆。村里的贫困户韩林、韩克麻录等人"一年当跑堂，两年做面匠"，有的贫困户"三年当老板"，还有25户村民入股了拉面馆。

村支书马强说，从事拉面行业，不仅让很多村民挣了票子，还闯了路子、换了脑子、育了孩子。很多拉面经营户文化程度不高，做生意过程中强烈感受到没有知识不行，因此非常重视子女教育。"2005年村里出了第一个大学生，到今年累计考上了24个，其中还有一个上了清华大学。"马强不无自豪地介绍。

循化撒拉族群众困境求发展，拉面产业释放出巨大的脱贫效应。而在互助土族自治县，除了前头提到的盘绣及体验游，乡村旅游也成了脱贫主导产业。2018年全县接待旅游人数突破400万人次，1800多户贫困群众靠吃旅游饭脱了贫。

"我们整合产业扶贫项目资金、人口较少民族发展专项资金等各路资金，形成了户有增收项目、村有集体经济、县有扶贫产业园的'三位一体'产业扶贫格局，2018年年底，全市贫困发生率下降到1.83%，634个贫困村集体经济全部实现零的突破。"海东市扶贫开发局副局长李照本介绍。

用好移风易俗这个抓手　简办唤来好日子

"海东虽然穷，但婚丧喜事大操大办却相当普遍。因婚、因丧致贫返贫问题比较突出。因此，从某种程度上讲，移风易俗才能保证脱贫成果。"李照本介绍道。

记者在循化县了解到：以前撒拉族群众结婚，彩礼有时挺重的，办丧事给参加葬礼的宾客发的钱有时也是负担……

2016 年开始，循化县委、县政府出台指导意见和奖惩办法，推动各个村庄成立红白理事会、制定村规民约，实行移风易俗。白庄镇对红白喜事统一费用标准，不能超线，提倡仪式简办、减少宴席规模，要求村民签承诺书，同时在村里建立婚丧喜事守信台账。

移风易俗减轻负担，大部分群众打心眼里欢迎，但谁都不想成为"出头鸟"，不少群众犹疑观望。曾担任白庄镇中心小学校长的乙日亥村村民韩向庆带头简办，他的小女儿出嫁，不光彩礼钱不超标，也没有广邀亲朋大办。

韩向庆迈出勇敢的第一步后，大家纷纷跟进。2019 年 7 月，镇里将彩礼标准进一步下调。白庄镇党委副书记韩宝林介绍，截至 2019 年 9 月，全镇 83 场婚礼、58 起丧葬活动费用都控制在标准以内，累计节约费用620 万元左右。

"移风易俗后，全县群众一年减负 1.5 亿元，这对于加快脱贫进程、巩固脱贫成果都起到了重要的推动作用。"循化县副县长马洪涛说，移风易俗后，以往为了早挣彩礼钱，撒拉族女孩少上学、不领证就早早结婚的现象得到有效纠正，控辍保学工作好做多了，群众对于"结婚必先办证"的法律意识明显增强，婚姻纠纷明显减少，群众满意度明显提高。

（原文发表于《人民日报》2019 年 9 月 17 日第 7 版，作者：顾仲阳）

作者感言

　　这是我又一次深入采访少数民族地区的脱贫攻坚情况。最深的感受是，脱贫攻坚不仅深刻改变了少数民族群众的生产生活条件，也深刻改变了他们的精神世界。主要表现在两方面：其一，通过市场经济的方式，技艺变成了生意，少数民族的传统文化转变为特色产业，得以更好地传承发扬，更好地为人所知；其二，少数民族的传统思想文化中一些落后的元素得以与时俱进，精神风貌更为积极上进。从这个意义上说，脱贫攻坚对于少数民族地区发展来说，是具有革命性意义的。

写好高质量脱贫的答卷

——吉林省3年减贫近九成，退出县贫困群众认可度高于98%

黑土千里，地处"黄金玉米带""黄金水稻带"，吉林省尽管资源禀赋不差，但脱贫攻坚仍然不易。"全省贫困人口中，特殊困难群体占比非常高，60岁以上的接近一半，无劳动能力的占56%，因病致贫的占69%，这些都是难啃的硬骨头。"省扶贫办主任张宝才坦言。

脱贫攻坚，吉林省把脱贫质量摆在首位，聚焦"硬骨头"，措施更精准，交出一份高质量的脱贫答卷：不到3年时间，减贫近九成，贫困发生率下降到0.5%；第三方评估显示，摘帽县贫困人口漏评率、脱贫人口错退率均为0，群众认可度在98%以上。

眼下，脱贫攻坚进入决战决胜、全面收官的关键阶段。如何保质保量兑现脱贫目标，如何让贫困群众真正长本事、有能力，记者在吉林省进行了调查。

"差1分合格也等于0分。"

一家一户对账销号，小康路上不落一人

"现在大家看到的是新兴乡西太村贫困户韩忠友家的土坯房，从照片上看，墙体有明显裂痕……"白城市通榆县委会议室里，正讨论排查发现的"两不愁三保障"问题。这样的会议，通榆县每周开一次，雷打不动。

"在'两不愁三保障'问题上，差1分合格也等于0分！"通榆县委书记李德明介绍，全县抽调了200余名精兵强将，"以户查房""以房查水""以龄查学""以患查策"，全方位多角度排查，发现问题要求7日内整改完毕，并举一反三，对整改不力甚至欺上瞒下的责任人，情节严重的要实施追责。

"对标脱贫标准，到户到人地查漏补缺、销号清零，就需要这样较真碰硬、下绣花功夫。"省扶贫办副主任杨春霆说。

这样的大排查与"回头看"，正在吉林省贫困乡村如火如荼地开展。截至2019年10月底，贫困户义务教育阶段辍学学生已全部劝返，贫困户安全住房全部竣工，基本医疗保障存在问题整改清零，进入巩固提升阶段……干部的辛苦换来了贫困群众越来越高的幸福指数。

走进延边朝鲜族自治州和龙市龙城镇富兴村贫困户宗景和家，新房干净亮堂，室内抽水马桶、煤气灶一应俱全。

"党的好政策让我这老头子享大福啦，知足喽！"见扶贫干部进门，宗景和坐在热乎乎的炕头上，跟大家唠起嗑来。

得益于精准扶贫好政策，2017年他顺利脱了贫。2018年市里对脱贫户"回头看"，发现他家的房子主体结构出现破损，又补助他进行危房改造。这回，宗景和掏出"压箱底"的钱，把房子彻底收拾了一下。"现在吃穿不愁，看病住院能报90%，每月有低保和养老保险，我该好好享受生活了。"笑容洋溢在宗景和的脸上。

在吉林省采访，这样的脱贫故事听了不少。吉林省委脱贫攻坚宣传调研指导组副组长朱孟才感慨：当初识别贫困户时，"先看房、次看粮，再看有没有病号卧在床"，现在贫困户的光景变成了"两不愁三保障，大步快走奔小康"。

龙头带动，保险护航

有一次，蛟河市青背村第一书记曾丽圆到贫困户范学仁家走访，刚进门，就接到一个"挑战"。

"曾书记,我这有点野生榛蘑,你能帮我卖了不? 能卖上40块钱一斤,我就老幸福了。"

曾丽圆毫不含糊就接了招儿, "这可是好东西啊! 70 元一斤包邮,咋样?"

她让范学仁拿着蘑菇,掏出手机拍了几张照片,往微信朋友圈一发。"就 4 分钟,刷一下就订没了。微商客户都知道我们这里的山货质量好,蘑菇肯定差不了。"

帮助村里建起木耳产业园并代言销售,曾丽圆把村里的扶贫产业做出了小名堂——2018 年产业园盈利 15 万元,贫困户仅这一项就平均增收1600 余元。

稳定脱贫,产业扶贫是根本之计。吉林省充分发挥第一书记的关键作用,组织开展"第一书记代言"活动,为 3.4 万户贫困户平均增收近2000 元,为全省贫困村集体经济增收 1910 万元。

产业扶贫不仅让好东西卖上好价钱,还帮农民抵御自然灾害风险。

"4 月 17 日, 这圪垯刮了场 10 级大风,俺们的一栋大棚被吹倒了,一栋黄瓜棚一天能卖 2000 元,疼得我心头滴血啊! "站在大棚里,梨树县陈伟农民专业合作社负责人告诉记者, "种大棚就怕风雪灾害,得亏上了保险,让我第一时间补种上了西红柿,要不 2019 年给贫困户分红都够呛了。"

梨树县扶贫办副主任田守军介绍,全县贫困户中 96.8% 是因病因残致贫,县里采取把部分产业扶贫项目委托给新型主体经营,再给贫困户分红的扶贫模式,扶贫产业保险能让扶贫资产保值、贫困户分红无忧。

吉林省全面推行"6+N+1"产业扶贫保险,为水稻、玉米等 6 大种植品种、N 种县域特色农业产业、1 类扶贫产业设施购买成本险,全省近 6.5万户贫困户免费参保。

龙头带着贫困户干，产业扶贫更稳当。

"以前种木耳有两怕：一怕培育菌种失败，二怕价格大起大落。现在嵌入产业链增收稳稳的。"汪清县大兴沟镇上村村贫困户刘文才，"老把式"尝到了"新种法"的甜头。2019年他加入了村里的木耳合作社，合作社从汪清桃源小木耳实业有限公司购买菌种，公司订单回收合作社的木耳。

2019年8月木耳喜获丰收，可上村村的菌农们却高兴不起来："公司跟俺们签的订单是35元一斤，可市场价才20元出头。"担心企业会违约，菌农们赶紧找驻村工作队队长孙居江和菌农代表上门去问情况。"咱们有合同，你们怕啥呀？我们有技术、有市场，带着你们干，脱贫肯定更靠谱。"桃源公司董事长孙永芳二话没说，就收下了村里的木耳。

如今，在汪清县，小木耳成了带动近4万人的扶贫大产业，一家家龙头企业、一个个菌包厂牵头成立合作社，菌农全部入社，从产到销"五统一"，强力助推这个深度贫困县贫困发生率降至3.14%。

扶能力、管长远，建立返贫防护墙

脱贫攻坚推进到现在，如何防止脱贫之后返贫？"扶贫关键在于扶能力、管长远。"张宝才介绍，吉林省立足高质量脱贫，不只图一时"过线"，而是放眼长远，完善兜底机制，切实增强贫困户自我发展能力。

"看病120、服务111"，这个口号在吉林省的贫困乡村里妇孺皆知。吉林省卫生健康委扶贫办常务副主任林丰全介绍，贫困人口到指定医院看病自付10%、看慢性病自付20%、住院0押金，每人享受1份健康档案、1个诊疗方案、1个家庭医生团队的服务，这让贫困群众看病有了基本保障。

然而，有些得了大病重病的贫困户，报销后自费负担仍然较重，成了脱贫困难户。吉林省各地积极"打补丁"，不让疾病压垮这些特困户。

通榆县瞻榆镇西关村贫困户娄文利一家，生活曾被大病拖入了困境。2018年4月，娄文利做了结直肠癌切除手术。之后不久，妻子徐淑梅也先后做了心脏支架手术和肺癌手术，两人总医药费用高达39万多元，虽然四重保障报销了31万多元，但自付部分仍有8万元。"谁家摊上都够呛！得亏县里通过一事一议又贴补了5万多元，真的是救了咱一家人的命啊。"娄文利的感激溢于言表。

防止脱贫人口返贫、边缘人口致贫，是脱贫攻坚重要的努力方向。吉林省各地积极发力，不少地方财政出钱，为这两类人群购买防贫保险。

41岁的刘强是梨树县蔡家镇新村村普通村民，之前做瓦工，一家人日子还算过得去。前阵子，他突发疾病，先后两次住院治疗，新农合报销后自付了2.2万元。这场大病让刘强右上肢瘫痪，生活重担压到了他70岁的老母亲身上，一家人处在致贫的边缘。

"多亏有保险，我家的'天'才不会塌。"刘强说，防贫保险已经启动赔付程序，将赔付2.2万元医疗费，同时保障全家人均收入达到扶贫标准的1.1倍。

扶贫扶长远，扶志是关键，吉林省各地下足了绣花功夫

"别小看这账本，里边学问不小呢。"图们市石岘镇河北村第一书记曹爱鹏，掏出扶贫项目收益分红本介绍，如果传统地按人头分，容易产生"等靠要"思想，对有重病、遭重灾和失能、半失能的特困户来说，帮扶效果不明显。村里采取"按户到人"更精准的扶贫方式，参考年龄、身体状况、医疗支出、劳动能力等因素，将全村贫困人口分为6类，没劳动能力的每类人群分配"基础金"，有劳动能力的通过参与公益岗位、"四小工程"挣"奖补金"。

"这钱我拿着硬气，乡亲们也服气。"贫困户崔今顺又养鸡种菜，又当"治安巡逻员""餐厅炊事员"，2018年挣了2700元奖补金，老伴金凤吉瘫痪在床，获得了1940元的基础金。

"这样的分配方式，对激发贫困户的内生动力很管用，也有助于打消非贫困户的心理不平衡。"延边朝鲜族自治州扶贫办主任周延文告诉

记者，河北村这种扶贫模式已在全州推广。

长白山林海绵延不绝，松花江水静静流淌，一路走访，深感吉林省扶贫的准、细、实，高质量脱贫凝聚起强大的攻坚合力，全面建成小康社会的图景近在眼前！

（原文发表于《人民日报》2019年11月15日第18版，作者：岳富荣、顾仲阳、祝大伟）

作者感言

脱贫攻坚战打响以来，我们一直在强调高质量打赢脱贫攻坚战，但怎么算高质量打赢，好像没有统一的标准。但稳定脱贫、脱贫成果经得起检验、贫困群众内生动力足、发展能力强等要素，应是高质量脱贫的应有之义。

贫困地区中，吉林的条件整体上应该算是不错，但吉林并没有着急于尽快脱贫摘帽，而是着眼于高质量脱贫，从严从实地做好脱贫攻坚各项工作，不只图一时"过线"，更着眼长远。从某种意义上讲，这是更负责任的脱贫攻坚。对于脱了贫摘了帽的贫困地区而言，吉林的不少做法值得下一步巩固脱贫成果学习借鉴。

第 四 章

FUPIN XIANFENG

扶 贫 先 锋

教育强则国强

——记全国脱贫攻坚奖获得者杨国强

确保 2020 年贫困群众如期脱贫，全面小康一个也不能少，需要全社会共同努力。在 10 月 17 日我国第二个扶贫日到来前夕，2015 中国消除贫困奖评出了最终的 10 个获奖单位和个人。他们是我国社会扶贫的典型代表，杨国强就是其中之一。

杨国强，广东碧桂园集团创始人，贫苦农民出身。他从来不曾忘记，政府免了他学费，还提供助学金，让他完成学业并改变了命运。早年的经历，成为杨国强日后积极投身教育扶贫的动力根源。

1997 年以来，杨国强和女儿杨惠妍以及碧桂园集团累计投入 9 亿多元用于办学、助学、兴教，目前共有 41875 名贫困人口直接获益。而且，杨国强的教育扶贫理念和实践充满创新。杨国强荣获 2015 中国消除贫困奖创新奖。

中国扶贫基金会副会长王行最告诉记者，据他所知，杨国强的教育扶贫的很多做法在全国独一无二，对教育扶贫事业很有借鉴意义。

杨国强

办学扶贫，创办全免费高中、大专

2002 年，杨国强出资 2.6 亿元创办了国华纪念中学，在全国范围招收家庭贫困、成绩优秀、心智健康的学生，学校承担学生在校所有费用，并提供助学金直至学生完成大学、硕士、博士所有阶段的学业。

招生初期，很多人得知全免费、纯慈善后，都不敢相信。如今，十多年过去，国华中学共接收了 2356 名处于辍学边缘的学生，学校一直保持着极高的升学率。

杨国强与学生座谈时总是强调，从国华走出去的学生，都应记得学校礼堂墙上的铭文：国华学子当以奉献社会为终身追求。

2013 年，杨国强又出资 3.5 亿元创办了广东碧桂园职业学院。2014 年 9 月正式开学，所有入读学生不仅免除一切费用，还领取日常生活补贴。

杨国强介绍立校缘起时说："我出生在农村，也曾很贫困。开始工作时做了泥瓦匠，一门手艺改变了我的生活……感谢国家改革开放和社会的佑助，让我有机会为社会建造广厦千万间，亦可以力所能及地帮助有需要的人。"

助学扶贫，首创"道义契约"传递爱心

早在 1997 年初，杨国强的事业刚起步，小有所成，他便开始投身教育扶贫。

一天，他走进广州《羊城晚报》社，称愿意捐资设立一个大学生助学基金，并当场拿出 100 万元支票，委托报社负责发放。他向报社提出了两个要求：一是不能让任何人知道是他捐助的，二是要与被资助者签一份《道义契约》。

直到 2007 年，大家才意外得知，10 年来资助了近 4000 名贫困大学生的人是杨国强。《道义契约》要求，受捐者有能力有条件后，将得到的资助连本带息捐给这个助学基金，或自己设立助学基金。在杨国强的影响和《道义契约》的感召下，越来越多学子将爱心薪火相传。学子范少钦设

立了"合众助学金",学子张富建带领数千位"仲明志愿者"服务社群……

职教扶贫，扶贫扶到根子上

18年的教育扶贫经验，使杨国强坚定了扶贫要扶到根子上的理念："教育扶贫，针对贫困人口进行教育资助，使其掌握脱贫致富的知识和技能，这是脱贫根本之举。"

2012年6月，针对农村人口居住分散，集中组织难度大的特点，杨国强决定将职业教育的课堂搬到村子里，在广东省清远市佛冈县水头镇开展"送技术技能下乡培训项目"。工作人员驻扎在水头镇，与村民同吃同住，对全镇16—60周岁适龄劳动力开展免费技能培训，还积极帮助受训农民找工作、联系劳务输出。至2015年，该项目免费培训16469人，其中8150人取得了叉车、电工、家政育婴师等职业资格证书，3828人进城就业。

（原文发表于《人民日报》2015年10月13日第2版，作者：顾仲阳）

作者感言

杨国强是我最尊敬的扶贫企业家。他投身扶贫是纯粹的，当年的寒门子弟因为政府免了学费，让他得以靠知识改变命运，如今执意"达则兼济天下"。杨国强为人低调，但他的教育扶贫理念与实践的创新性掩盖不住他的低调行事，他获得了脱贫攻坚奖创新奖。如今，出于感恩报恩和朴素的家国情怀，杨国强又将扶贫事业版图进一步拓展：从教育扶贫到产业扶贫，从广东走向全国。他所创办的碧桂园集团更是提出把扶贫作为第二大主业。这不是高调营销，而是杨国强的心路方向。

"认准了的事就放手干"

——追记山东泰安市岱岳区扶贫办原副主任苏庆亮

24 岁，他放弃乡镇机关工作，成为山东泰安大陡山村带头人；

21 年，他扎根基层，把一个出了名的穷村、乱村打造成为全国文明村；

142 天，他专职干扶贫工作，跑遍全区所有贫困村；

46 岁，他匆匆走完了生命全程，但谱写了扎根扶贫一线的动人篇章。

他，就是全国劳动模范、山东省优秀共产党员，泰安市岱岳区扶贫办原副主任、大陡山村原党支部书记苏庆亮。

三次放弃机关工作机会，一心服务贫困群众

1991 年 4 月，21 岁的苏庆亮跳出农门，到岱岳区天平乡机关任职。正当他踌躇满志，乡党委领导找到他，动员他回老家大陡山村担任党支部书记。那时的大陡山村，是出了名的穷村、乱村，3 年换了两任党支部书记。一开始，苏庆亮心里有些犹豫，但想到父老乡亲还过得那么穷，他便服从党组织安排，挑起了带领村民脱贫的担子。

2009 年，山东省面向优秀村干部招考乡镇公务员，苏庆亮以优异成绩被录取。接到通知，他心里纠结起来：大陡山村集体经济发展正值爬坡关键时期，让他去留两难，村民也极力挽留……最终他主动提出申请，继续留在村里。

2011 年 11 月乡镇换届时，苏庆亮因工作成绩突出再次被选拔为天平

苏庆亮（中）向村民了解情况

街道办事处副主任。面对又一次返回机关工作的机会，他依然放不下大陡山村，再次向组织提出留村任职的申请。

"为了带领大家伙富起来，苏书记真是拼了命"

为了找到好的发展路子，苏庆亮晚上绞尽脑汁想出路，白天放开双腿跑门路。他先后尝试了作物套种、农机租赁等致富办法，都失败了。面对挫折，他没有气馁，带着党员和群众代表到河南、浙江等地参观学习，经过集思广益、反复论证，确定了"集体运作、靠山吃山、做大绿色产业"的发展路子。

"认准了的事就放手干。"2001年，苏庆亮看准苗圃产业的发展前景。但在召开群众代表大会商议建设集体苗圃时，多数群众并不支持。苏庆亮当场表态："我们13个党员干部每人集资1万元，先发展10亩，赔了我个人承担，挣了归集体！"这10亩苗圃当年就为村集体盈利5万元。

为继续做大绿色产业，苏庆亮先后十几次到南方学习考察茶叶种植，掌握了全套"南茶北种"技术，带领群众发展起有机茶园600多亩，逐步打响"泰山极顶茶"品牌。在苗圃和茶园建设初期，为看护好苗木，苏庆亮每天晚上都带着铺盖，睡在野外用玉米秸秆搭成的窝棚里，一守就是两个月。"为了带领大家伙富起来，苏书记真是拼了命。"村民苏乾广心疼地说。

经过20多年的艰苦创业，到2015年年底，大陡山村集体固定资产超过1亿元，集体经营性收入突破500万元，村民人均可支配收入达1.4万元。村里建起了高标准的学校、医院、文化广场和公园，老百姓老有所养、病有所医、学有所教、住有所居，昔日的"荒陡山""穷陡山"变成了今天的"绿陡山""金陡山"，大陡山村先后被评为"全国文明村""全国绿色小康村"。

"他为村里留下上亿元资产，自家竟过得如此寒酸"

2016年3月，为了把大陡山村脱贫致富的经验推广到全区，岱岳区委任命苏庆亮担任区扶贫办副主任。上午区委刚宣布了任命，下午苏庆亮就进入工作状态。

长期超负荷工作，让他积劳成疾，年纪轻轻就患上了高血压、心脏病、神经性耳聋等疾病。在他生命的最后一段时间里，他用 3 个月跑遍了全区 17 个乡镇的 82 个贫困村。年仅 46 岁，苏庆亮便匆匆走完了人生里程……

苏庆亮走后，群众、同事纷纷来到家里慰问。简陋狭窄的平房里，除了结婚时置办的家具，就是墙壁上贴满的各类奖状，再就是那一摞摞工作日记。正上初中的儿子住的是一间不到 10 平方米的小厢房，已上大学的女儿回家没地方住。"他为村里留下上亿元资产，自家竟过得如此寒酸。"大伙不胜唏嘘……

（原文发表于《人民日报》2016 年 10 月 18 日第 6 版，作者：顾仲阳）

作者感言

作为发达地区的扶贫干部，苏庆亮能荣获全国脱贫攻坚奖更为不易，他为了带领群众脱贫致富拼尽生命、倾其所有的精神感动了大家。他燃烧了自己的一生，只为了让乡亲们过上好日子，而自家的日子却过得穷酸不堪，这样的扶贫干部是中国共产党优秀干部的典型代表。苏庆亮身上这种"舍小家为大家"的精神，是广大扶贫干部的共同特性，也是我们脱贫攻坚伟大事业宝贵的精神财富。

脱贫也需领头羊

——记扶贫"老县长"高德荣

深秋时节，云南独龙江畔的箐沟里，红彤彤的草果惹人喜爱。"草果采摘后，要把老根砍掉，清除杂草。注意，不要毛手毛脚伤了新枝，不然明年就不挂果了。"高德荣一边示范，一边给身边的村民传授技术。

高德荣生在云南省贡山独龙族怒族自治县独龙江乡一个贫苦家庭，从小学教员一步一个脚印走上领导岗位，先后担任独龙江乡乡长、贡山县副县长、县人大常委会主任、县长。2006年当选怒江傈僳族自治州人大常委会副主任后，他主动要求回到独龙江乡，担任独龙江乡整乡推进独龙族整族帮扶工作领导小组副组长，扛起了带领独龙族群众脱贫攻坚的重任，被当地干部群众亲切地称为"老县长"。

四处奔走，构筑发展"生命线"

"交通不便是独龙江的发展最大的障碍。"高德荣说，特别是长达半年的大雪封山，让独龙江成了与世隔绝的孤岛。"独龙族群众对出山道路的渴盼，犹如吃饭时对盐巴的需求一样强烈。"

为此，高德荣长年奔波在独龙江各条乡村小路上，随身携带一张布质独龙江乡地图，什么地方要铺路，什么地方需架桥，每个细节都摸得清清楚楚。修路过程中，他坚持亲力亲为，跟踪参与。"自己不去看、不去问、不动手，心里不踏实。"高德荣说。

1999 年，在高黎贡山海拔 3000 多米的雪线上，国家投资 1.4 亿多元修通了全长 96 公里的独龙江简易公路，结束了独龙族群众"出门靠砍刀开路，过江靠溜索竹筏"的生活。2014 年 4 月，独龙江隧道

高德荣

建成通车，独龙江乡每年大雪封山半年的历史彻底结束。如今，独龙江全乡沥青路和水泥路里程达 150 千米，通组公路里程达 27 千米。当年步行 60 多天才能转完乡里 6 个村委会，现在坐车一天就能转完。

示范引路，建起脱贫"绿色银行"

2007 年，为了寻找脱贫产业，高德荣曾邀请专家考证种植草果的可行性。得到专家的肯定后，高德荣在青蛇、蚂蟥出没的独龙江畔搭了几间简易棚子，先后向 4000 余人传授草果种植技术。

"草果喜阴，种在大树底下，不仅不会破坏生态，还给我们带来了可观的收入。"巴坡村委会主任王世荣说，2015 年全村靠发展草果人均增收 700 多元。

独龙江乡 6 个村中，迪政当等 3 个村由于海拔高，不适宜种植草果。高德荣又把目光瞄向了重楼产业；2014 年以来，多方筹措，吸引投资，并建起了培训基地。如今，独龙江已种植重楼 2100 多亩，户均 1 亩多。全乡"南草果、北重楼"，扶贫产业实现了全覆盖。2015 年，全乡农民人均纯收入达到 3503 元，有的群众还开上了小汽车，享受上了互联网、移动电话、数字电视等现代科技。

改善生态，打造旅游"人间仙境"

独龙江乡地处高黎贡山国家自然保护区的核心地带，森林覆盖率达

93%，生态旅游和民族文化资源富集。群众口袋更鼓的同时，还要让脑袋更活、环境更美。对此，高德荣认识得非常到位。

"我们要像爱护眼睛一样爱护它，把独龙江打造成'人间仙境'。"高德荣提议，要给每个进乡游客发一顶帽子，印上大大的"文明"两字，提醒他们当文明游客，避免污染环境……

此外，高德荣还积极向省、州有关部门反映，争取到了乡土旅游人才培训、农业科技人员培训和文明生活培训等项目，不断充实独龙江人的头脑，改变他们落后的生产生活方式。

独龙江的巨大变化，高德荣功不可没。有位领导曾对高德荣半开玩笑半认真地说："你是独龙族的头人！"而高德荣则回答道："我是独龙族的儿子，共产党才是我们独龙族的头人。"那份对民族、对群众的深情，特别是让133户524个建档立卡贫困人口按期脱贫的使命，高德荣时刻挂在心上。

（原文发表于《人民日报》2016年10月26日第6版，作者：顾仲阳）

作者感言

精准扶贫，绝不让一个少数民族掉队。老县长高德荣是少数民族扶贫的一个旗帜性人物，在独龙江乡、在贡山县、在怒江州，几乎无人不知。他带领独龙族在怒江这个全国贫困发生率最高的地区率先走出了一条绿色脱贫之路。如今高德荣带领独龙江人率先发展起来的草果、重楼等绿色产业在怒江茁壮成长。对于怒江脱贫来说，这是最大的希望所在。

拉祜人的幸福花

——记全国脱贫攻坚奖奋进奖获得者李娜倮

李娜倮是云南省普洱市澜沧拉祜族自治县拉祜山乡老达保村一名普通的农家妇女，她热爱唱歌，是一名用歌声创造幸福的拉祜族歌者。她也是一位奋战在脱贫攻坚一线的"女汉子"，将一个"后进村"带成"先进村"……麻栗花是拉祜族的幸福之花、吉祥之花，李娜倮就是一朵盛开在拉祜山的麻栗花，她把吉祥和快乐带给乡亲们，带领他们在脱贫致富的道路上奋发努力，创造幸福生活。

民族文化 + 乡村旅游，带领乡亲致富

音乐声落下，有人已哭红了眼睛。背着吉他的李娜倮已经习惯地将微笑挂在脸上，挥挥手，用不太标准的普通话真诚地说："欢迎下次再来老达保。"

李娜倮没受过任何专业训练，却凭着对民族音乐的挚爱，用她那双整日干农活的粗糙之手谱写出一首首感人歌曲。

"其实，对我们老达保村村民来说，种植养殖和唱歌跳舞融合在一起，我们用这样的方式吸引游客到村子里旅游消费，增加我们的收入。"李娜倮 13 岁时学了吉他弹唱，16 岁便学会作词作曲。一直以来，她坚持用拉祜音乐实现自己的梦想。功夫不负有心人，2008 年她被评为普洱市"十大杰出青年"；2011 年在中央电视台举办的"梦想合唱团"节目比赛中

获得一等奖……

说起李娜倮，村民们都会竖起大拇指："她在村里比一个真正的爷们还可靠。"

脱贫攻坚、美丽乡村建设、文化旅游……李娜倮把这些整合起来，让老达保村走上了一条"民族文化 + 乡村旅游"的脱贫之路。

2013 年，老达保村成立了普洱市第一家由农民自发、自创的演艺公司——澜沧老达保快乐拉祜演艺有限公司，李娜倮任副董事长，村民全部入股。李娜倮领衔打造的《老达保拉祜风情》实景剧，深受广大游客好评，截至 2015 年年末，共表演 220 多场，演出收入达 158 万元，群众分红 73 万元，旅游综合收入近 380 万元。

在李娜倮的带领下，老达保村充分挖掘特色乡村文化，采取"公司 + 农户"的发展模式，探索出了一条以民族特色文化推进脱贫攻坚的路子。2015 年，老达保村村民人均纯收入达到 3314 元，比公司成立前的 2012 年增长 63%，其中人均文化旅游产业收入达 1554 元。"以前我们生活在'交通基本靠走、喝水基本靠背、通讯基本靠吼'的环境中，现在我们的生活好多了，哈列贾（真高兴啊）！"看到村子这几年翻天覆地的变化，老达保的村民高兴地说。

传播拉祜文化，将民族歌曲唱响全国

李娜倮（新华社记者蔺以光摄）

2002 年，澜沧县酒井乡勐根村成立了拉祜雅厄艺术团，李娜倮积极动员全村 102 户村民加入艺术团。在她的大力宣传动员下，现在艺术团成员发展到 200 多人。他们平日里是地地道道的农民，穿上演出服就成了舞台上耀眼的明星，每个人脸上都洋溢着笑容、热情和自信。

在李娜倮的带动下，村民们自创的拉祜族民歌达到了 300 多首，其中李娜倮个人创作的歌曲就有 30 首之多。此外她还创造性地把党建、脱贫攻坚、民族团结等政策法规和有关知识编排成民族曲目。这些有着拉祜风情和浓浓乡土味的歌曲被唱上了中央电视台的舞台，被唱到了国家大剧院，也揭开了拉祜文化的神秘面纱。

如今老达保村声名远扬，2006 年被列为第一批国家级非物质文化遗产传承基地之一；2012 年，获得了"第四届新农村电视艺术节——魅力新农村"十佳乡村荣誉称号。老达保村还被普洱市委、市政府列为重点打造的哈列贾（HALEJA）乡村音乐小镇核心区。

（原文发表于《人民日报》2016 年 10 月 27 日第 6 版，作者：顾仲阳）

作者感言

"到 2020 年全面建成小康社会，任何一个地区、任何一个民族都不能落下。"少数民族地区往往脱贫难度更大，这其中的原因，除了经济社会发展程度低，思想文化层面的因素也不可忽视。李娜倮的扶贫，是物质扶贫和精神扶贫双管齐下，因地制宜发展文化旅游，让群众生活好起来的同时，又很好地传承保护了民族文化，这种模式，值得广大少数民族地区借鉴。

治沙有一套

——记全国脱贫攻坚奖奋进奖获得者王文彪

我国 1/3 的贫困人口在沙漠。治沙治穷是王文彪坚守 28 年的事业：创造 6000 多平方公里"沙漠变绿洲"的奇迹，让 10 万贫穷困苦的沙区农牧民过上了安居乐业的好日子。

治沙，迎难放手一搏

王文彪出生在内蒙古鄂尔多斯市杭锦旗杭锦淖尔村，边上的库布其沙漠被称为"死亡之海"。

儿时的王文彪有两个梦想，一是梦想沙漠能变成绿洲，二是梦想沙漠里能出现一条路。

1988 年，28 岁的王文彪到杭锦盐场任场长：盐湖和生产设备被黄沙覆盖，每年亏损 500 多万元。王文彪说："不制服沙漠，沙漠就会'吃'掉我们。不如放手一搏，干他一场！"

"盐场每卖一吨盐，就拿出 5 块钱种树！"在一片质疑与踌躇中，王文彪带领盐场多次尝试后，一棵棵鲜活的小树苗排成了长长的"护卫队"，盐场也扭亏为盈。

随后，王文彪决定修路，而且要建绿化带，给公路穿上"防护服"。3 年后，一条 65 千米的穿沙公路修建完工。盐场每年光运费就能节省 1500 多万元，外运产品销量一路增长，主打产品——硫化碱市场占有率跃居世界第一。小盐场脱胎换骨成为亿利资源集团有限公司。

2000 年，王文彪决定启动库布其沙漠锁边林工程。经过几年艰苦卓绝的建设，一条长 242 千米、宽 5 千 ~ 10 千米的沙漠锁边林带在库布其的北缘扎根，为后续的沙漠绿化和沙漠生态产业发展打下了基础。

治穷，深耕绿色经济

路修通了，可乡亲们的日子怎样才能富起来呢？公路两侧种植的甘草是一种中草药，王文彪想，如果让农牧民都种甘草，既能让更多的沙地被绿化，又能赚钱摆脱贫困，岂不是一举两得？

1998 年，亿利发动当地农牧民大规模种植甘草，公司集中收购。2000 年前后，公司发展起了以甘草为主的沙漠绿色中药材种植、加工和经营业务，还成立了沙漠健康产业研究所，形成了完整的产业链。

"我就不信沙漠里掘不出金子。"尝到甜头的王文彪开始深耕"绿色经济"，打造出以生态修复、工业、能源、牧业、健康、旅游为主的 6 条产业链，探索出一条"治沙、生态、产业和扶贫"四位一体的道路。

如今，当年的第一条穿沙公路充满生机

经过治理，库布其沙漠成为一座生机盎然的沙漠绿洲，沙尘天气由每年 70 多次减少至五六次，降水量由几十毫米增长到年均 300 多毫米。沙漠里陆续出现了野兔、红顶鹤、胡杨等 100 多种野生动植物。据估算，生态财富价值 4600 多亿元。

越来越多的乡亲们因绿而富，来库布其沙漠旅游的人也越来越多。2010 年，斯仁巴布夫妇与两个村民一同承包了沙漠越野项目，年底一算账，每家净赚 10 多万元。

政府政策性支持，企业产业化投资，农牧民市场化参与。各类产业园区先后建立，10 多万贫困群众人均收入由 1988 年的 392 元增加到 2015 年的 14000 多元。

2015 年中央扶贫开发工作会议后，王文彪决定，未来 5 年通过投资生态产业大力开展精准扶贫，"向我国西部和'一带一路'地区输出库布其治沙生态产业扶贫模式，让更多沙漠地区的贫困人口脱贫致富"。

2016 年 4 月，亿利资源集团在内蒙古库布其沙漠、新疆塔克拉玛干沙漠、甘肃腾格里沙漠等五地同时启动"生态产业治沙扶贫项目"。2016 年 8 月，亿利资源集团与河北省张北县人民政府签署扶贫协议，启动生态产业扶贫项目。

如今，王文彪踏上了一块块新的沙地；沙漠和沙漠里的人，也需要更多的"王文彪们"。

（原文发表于《人民日报》2016 年 10 月 31 日第 6 版，作者：顾仲阳）

作者感言

　　沙区发展自然条件恶劣，贫困群众脱贫致富难度更大。王文彪带领父老乡亲宁可苦干不苦熬，在库布其沙漠一步一个脚印，成功走出了一条治沙又治穷的道路。这条路殊为不易，充满艰辛坎坷，却把漫漫黄沙变成了脱贫致富的金沙，生动演绎了"绿水青山就是金山银山"。更为可喜的是，如今，库布其生态产业治沙扶贫模式已被王文彪在其他贫困地区复制推广。

曙光照亮川岩村

——追记贵州省印江土家族苗族自治县朗溪镇川岩村原党支部书记张曙光

要不是这次到访,关于印江的记忆还停留在2010年。对于这个贫困县,脑海里烙印最深的是路太难走。在仿佛没有尽头的盘山路上,采访车曾一个没刹住,撞上了路边树丛。7年后再次来这里采访,路况的改变让人有太多的惊喜,贫困村通上了水泥路,果蔬、花卉这些致富产业也发展起来了。种种变化离不开那些奋战在脱贫攻坚一线的党员干部,朗溪镇川岩村原党支部书记张曙光就是其中一位。斯人虽逝,但他依然是村民心中难忘的好支书。

就像燕子垒窝,20 年修通环村公路

川岩村坐落在山坳里,如果不是新修水泥路连上了省道,外乡人很难知道这里还有 5 个自然村寨。小村庄石漠化严重,村民们多是在山腰开点小梯田,或在石头间的薄土块里,种点传统作物,2014 年全村贫困发生率还高达 33.6%。

要想富,先修路。30 年前,张曙光的父亲、村小民办教师张羽松就带头集资,组织乡亲们用锄头、铁锤在石山间劈出了 700 米路,打通了川岩连接外界的通道。"要是能修条环村路,把 5 个寨子连起来就好了。"父亲的心愿牢牢地印在了张曙光的心中。

1996 年年初,在广东打工的张曙光被老支书田儒祖竭力挽留,回村

图为贵州省印江土家族苗族自治县峨岭街道川岩村新修通不久的环村公路

担任会计。一心想改变村里落后面貌的张曙光提出修建环村公路，村支书和村主任都摇头："难啊，上级资金难要，村民人心不齐。"28岁的张曙光却知难而上，一趟趟跑县、镇有关部门，碰到熟人就缠，遇到不熟的就磨，争取到了爆破物资后，反复动员全村群众集资投劳，利用冬季农闲时节，一锄一锹地挖。历时近3年，5千米的通村泥巴路终于修成了。

修路让张曙光手掌磨起了泡，肩膀磨破了皮，摩托车先后跑坏了4辆。群众看在眼里，服在心里。1998年张曙光当选村主任。

川岩村终于有了"毛马路"，这让村民们乐呵了好一阵子。张曙光却不满足于此，他寻思着下一盘更大的棋：延伸通村路到各组，为今后开发村里的6个溶洞、发展乡村旅游夯实基础。

为实现这个目标，张曙光又一次次有事没事地去财政、交通等部门"软磨硬泡"，人送绰号"厚脸皮"。2004年，挑起村支书担子的张曙光终于争取到以工代赈项目，又是3年多，通村路终于延伸到了村组，一举结束了以往村民运物资全靠肩挑背驮的历史。

机遇总是留给有准备的人。随着贵州全力推进脱贫攻坚，2015年冬，投资442.8万元的川岩环村硬化路工程正式启动。

修路牵涉不少村民的耕地、房屋、祖坟，少数村民不理解、不支持。于是，张曙光第一个带头迁祖坟。

果树环绕的川岩村民居

贫困户田儒芬家只有一间土木房和一间猪圈，公路要从她家后面经过，需拆除房子一角。张曙光与田儒芬商量，先把房子拆了，再用危房改造资金修建新房。看到书记都带头迁祖坟，田儒芬也爽快答应了。

于是，张曙光带领村民忙着帮田儒芬家拆旧房、挖地基、建新房。地基的坑刚挖出来，在帮田儒芬家拉线抽水的时候，张曙光不慎从楼梯上摔下来，再也没有醒来。

路修通那天，村里放起了鞭炮。"一条路，一辈子，就像燕子垒窝。路修好了，群众享福了，张书记却走了。"村民田茂珍哭着说。

选准产业，带领穷村跑出脱贫"加速度"

修路的同时，如何让群众尽快脱贫致富，张曙光一直在思考。

石漠化严重的川岩村，发展产业谈何容易。"再难也要搞，群众那一双双眼睛在盼着你。"张曙光的一本笔记本里，这句话下笔格外重。

土地不够就人工增土。张曙光积极争取坡改梯项目，发动群众将一块块石头垒成土坎，把陡斜零碎的坡土改造成一台台梯土。同时培土增地，挑来一筐筐土把荒瘠的石窝、石缝填上，耕地面积大大增加。

产业不强就不断筛选、慢慢培育。刚当上村会计，张曙光就带领乡亲们试种苹果树。但因土壤、气候等原因，苹果口感不佳、销路不畅，一些村民为此埋怨他。

"一次次失败后总会走向成功。"发黄的日记本上如是写道。此后，张曙光多次邀请县农业局技术员实地勘查村里的土壤、气候、水源等，寻找合适的果树。

由于长期开荒种粮，川岩村耕地退化严重，土地越种越薄。张曙光引导大伙植树护林治山养山。

2003 年，经技术员指点，张曙光打算带领乡亲种柑橘、柚子，却遭到大多数村民的反对，只有 4 名党员与他带头示范。5 年后，柚子、柑橘大丰收，每亩收入几千元，村民们都心动了。多年的精心培育，柑橘、柚子，加上规模种植的核桃、柿子，2012 年使全村人均收入达到 4350 元。

"川岩要率先在全县脱贫！"2013 年年底，张曙光向镇党委和村民郑重承诺。村支"两委"干部、党员很多都不理解：全村还有贫困户 94 户、

315 人，好好的穷帽不戴，抢这风头做啥？

"我们不能总给国家添负担。"张曙光胸有成竹。说到做到，他带领村民组建了水果种植和养殖专业合作社，带领乡亲们畜—沼—果蔬循环种养，栽下精品经果林，套种花生、玉米、蔬菜等以短养长。没过多久，川岩村家家建起了养猪场，户户都有经果林。

人有志，穷相避。近些年，川岩村脱贫攻坚跑出了"加速度"：2014 年，脱贫 12 户；2015 年，脱贫 21 户；2016 年，脱贫 42 户，全村人均收入达到 6815 元。

想到的都是别人，忘记的总是自己

"他就是川岩的一片天，有他在，希望就在。"76 岁的村民任明俊说，张曙光把群众的事当自家的事办，这样的好干部，走得太可惜了。

前些年，任明俊的二儿子生病住院数月，什么事都是张曙光帮着办。"当时，家里有车的少，叫车接送费用高，曙光就找来一个群众帮忙，俩人用担架抬，来回没花我一分钱，连饭都没吃我家一口。"

村民张其林自小患有智力障碍，妻子又患有间歇性精神病，两个孩子尚小。张曙光见他家贫困，就带着他一起干泥水活，手把手地教。如今，张其林已经可以单独揽活。

考虑到张曙光一心扑在村里工作上，全家生活都靠他 1000 元出头的工资，村支"两委"及全村党员背着他开会决定，把他家申报为低保户，待经济情况好转后再取消。

张曙光虽然知道同志们是一片好心，但还是批评了大家，拿笔划掉了自己的名字，把低保名额让给了其他村民。

"面对个人利益绕着走，对集体和群众有益的，拧都拧不走。"时任朗溪镇人民政府镇长、现任板溪镇党委书记张军说，张曙光有一颗红心，想到的都是别人，忘记的总是自己。

自古忠孝难两全，但张曙光尽力做到最好。他回村担任村干部，很大程度上就是为了完成父亲未竟的修路心愿，不让老父成为留守老人。

2003 年，张曙光的爱人出车祸留下后遗症，经常把洗衣粉当成盐巴，生活难以自理。张曙光哪怕工作再忙，加班到再晚，都要回家为妻子做饭。

顾仲阳（左四）召开院坝会采访后来因公殉职的贫困村村支书张曙光

斯人已逝，足音犹存。张曙光走后，保存得最好的就是各种荣誉证书和 10 多本工作笔记，他个人先后受表彰 18 次，所在党支部受表彰 7 次。

金杯银杯不如老百姓的口碑。记者在川岩村采访，村民对张曙光最多的评价是："曙光是我们的好支书！"这个评价话语朴实，但含金量很足。

（原文发表于《人民日报》2017 年 9 月 10 日第 9 版，作者：顾仲阳）

作者感言

张曙光是个草根出身的扶贫干部，一个贫困村的村支书，虽然因为工作出色获得过很多荣誉，不过最高级别的荣誉也就是市一级的，但这不妨碍他的精神光辉四射，因此文章标题采用双关语取为《曙光照亮川岩村》。张曙光身上那种宁可苦干不苦熬、积极主动为乡亲谋福利的精神，着实令人感动。这种精神，也是脱贫攻坚战中基层贫困地区干部群众最需要的。张曙光干的都是最基层的"小事",但就是这些"小事",让精准扶贫、精准脱贫方略落地生根。

采访中,很多群众对张曙光的评价都很朴实,但我感受得到他们的评价都是发自肺腑的。一个干部能得到群众发自内心的认可,夫复何求?这种认可比再高的荣誉都更珍贵。

扶贫路上有用不完的劲

——记四川省南充市扶贫和移民工作局局长向贵瑜

向贵瑜是四川省南充市扶贫和移民工作局局长。在脱贫攻坚这场硬仗中，他带领全市扶贫战线干部敢闯敢试、敢抓敢干，探索建设脱贫奔康产业园，带动贫困群众稳定增收脱贫；推行"日暗访日通报"的督查机制，倒逼压实扶贫工作责任。这些精准扶贫的"南充绣法"，收到了实实在在的成效，并在四川乃至全国扶贫工作中得以推广。近日，向贵瑜荣获全国脱贫攻坚奖贡献奖。

建脱贫奔康产业园，为贫困群众找到稳定脱贫的好路子

南充全市有 58.3 万建档立卡贫困人口，2014 年年均纯收入只有 2241 元。

长期与农村工作打交道的向贵瑜很清楚：贫困群众大多是无门路、无资金、无技术、无市场、无胆量的"五无"群体，要帮助他们脱贫致富，必须用市场经济思维，为贫困群众找到一种可以"自我造血"、长效增收的模式。

经过深入调研，向贵瑜

"泥腿局长"向贵瑜冒雨进村入户调研

243

在仪陇县马鞍镇险岩村开始了第一站试点：引进南充宝丰农业有限公司，带动 48 户贫困户建设脱贫奔康食用菌产业园。贫困群众没有胆量，他亲自带着贫困户到外地考察取经；贫困群众没有资金，他就一家银行一家银行地跑，并白纸黑字写下承诺书：如果贫困户亏了还不起，就把自家城里的房子卖了给贫困户还贷款。险岩村很多贫困户原本靠种水稻、红薯勉强维持温饱，在脱贫奔康产业园培植食用菌后，年户均纯收入达到 6 万元以上。

向贵瑜（左七）给贫困户开院坝会

随后，向贵瑜又在仪陇县新政镇安溪潮村、南部县大堰乡纯阳山村试点，引进有实力、有技术、有市场的龙头企业，与贫困群众共同出资成立专业合作社，建设脱贫奔康产业园。纯阳山村贫困户姚素琼身患食道癌，丈夫因脑溢血常年住院，原本打算"多活一天算一天"。村上建起食用菌产业园后，她种植了一个菇棚，9 个月就净挣了 6 万元，生活希望被重新点燃。

试点基础上不断完善，政府引导、群众主体、龙头带动、金融支持、合作社组织，五方联动建设脱贫奔康产业园的模式逐渐成形。同时，在贫困村探索设立产业风险基金，并引入保险机构承保，一旦发生风险，先由保险公司理赔，再由风险基金按一定比例补助。

短短一年多时间，南充全市建成脱贫奔康产业园 674 个，带动 5.7 万户贫困户户均增收 1.2 万元以上。许多贫困群众不仅甩掉了"穷帽子"，而且走上了致富"快车道"。

暗访督查亮剑，为精准扶贫探索出落地落实的好办法

在一线历练多年，向贵瑜深知：中央、省委决策部署要落到实处、见到实效，关键在基层干部，要害在狠抓落实。到任南充市扶贫和移民工作局局长的第二天，他就带领干部连续进村暗访，发现基层存在搞形式、图应付等问题。

为压实扶贫工作，向贵瑜建立了"日暗访日通报"的督查工作机制。白天他带队进村入户暗访，记者全程参与、全程录音录像。事前不打招呼、事中不要陪同、事后不准接待。晚上回到办公室后，针对当天暗访发现的问题，编发《每日快报》，第二天原汁原味在全市通报。对所有暗访发现问题的村，限期整改、回访问效。

面对严肃认真的暗访，很多不作为、慢作为的干部一开始有抵触情绪。"开始的确十分艰难，但市委、市政府主要领导为我撑腰壮胆。"向贵瑜说，这种对事不对人、以推进工作为目的的暗访，让脱贫攻坚工作落到了实处、做到了贫困群众的心坎上。

暗访督查亮剑，整改落实见效。一年多来，向贵瑜同暗访组一道，

向贵瑜同志（左五）到脱贫奔康产业园调研

跑遍了全市所有的乡镇，累计行程超过 17 万千米，发现并督促整改具体问题 3500 余条。2016 年四川省脱贫攻坚考核，南充全省第一。国务院扶贫办也专门在南充召开全国扶贫督查与信息工作培训会，推广南充经验。

忘我拼命工作，为扶贫干部树立吃苦在前的好榜样

脱贫攻坚的时代使命，需要扶贫人有更多担当、更多付出。向贵瑜常说："党给了我扶贫局长这个位置，我就要给贫困群众一个满意。"他是这么说的，也是这么做的。

他是同事眼中的"拼命三郎"。熟悉他的人都说，向贵瑜身上有一股用不完的劲，白天与大家一起进村入户，晚上同大家一起熬夜加班，大家都说他是"铁人"。

他是群众眼里的"泥腿子局长"。向贵瑜常说，自己是农民的儿子，不能忘根；自己是党的干部，不能忘本。他的身影经常出现在田间地头，出现在贫困户家里，晴天满身灰、雨天一身泥，贫困群众调侃他是个"泥腿子局长"。

他是家人心中的"隐形人"。家里老人患癌症卧病在床，向贵瑜没有完整地陪过一天，有时只能等半夜工作忙完后偷偷看一眼；女儿央求他周末陪着玩半天，一次次地满怀希望，却又一次次落空……

一位长期在南充扶贫一线工作的"老扶贫"说，向贵瑜是个难得的扶贫先锋，有他带着扶贫战线的干部冲锋在前，南充一定能打赢这场脱贫攻坚战。

（原文发表于《人民日报》2017 年 10 月 5 日第 2 版，作者：顾仲阳）

作者感言

　　我采访过的扶贫干部中，向贵瑜是最让我印象深刻的扶贫干部之一。他真正做到了把脱贫攻坚责任扛在肩上，工作紧抓在手中，由于经常加班加点，他的双眼经常布满血丝。他对扶贫工作的热爱，浑身的干劲和斗志，能深深感染接触他的人。给贫困群众一个满意、让他们过上好日子的使命，驱动他创新工作，解决脱贫攻坚过程中遇到的各种问题和挑战。向贵瑜身上昂扬的工作干劲，科学的工作方法，这两点值得各级扶贫干部学习。

心坚强，断翅的小鸟也能飞

——记全国脱贫攻坚奖奋进奖获得者李娟

"我叫李娟，是安徽省砀山县农民。由于脊髓空洞症，全身只有头能动。"躺在床上的李娟，这么自我介绍。可就是这么个重度残疾人，成了家里脱贫的"顶梁柱"，还成了带动邻里共同脱贫的电商"领头雁"。2017年李娟荣获了全国脱贫攻坚奖奋进奖。

花季女孩重度瘫痪，"无数次想到过死"

命运，从一开始对李娟就是残酷的。生下来就体弱多病，医生断言："可能活不到两岁。"熬过两岁，病魔也从未远离。2008年6月，李娟突然浑身无力，瘫软在地。此后的日子如同梦魇，先是四肢失去知觉，不久又出现肌肉快速退化。父母为给她治病，辗转多地，花光了家中所有积蓄，并欠下许多外债。2012年，在南京一家医院，李娟的"怪病"被确诊为脊髓空洞症，7节脊髓已空，完全没有康复的可能性。瘫痪后的李娟，病情仍在恶化：体重下降到50斤，一个肺萎缩，胃缩小到如同五六岁孩子的胃。

"这些年，我是按秒过的，无数次想到过死。"李娟说。可是她连自杀的能力都没有。备受折磨，生无可恋，李娟一再央求母亲在饭里拌上老鼠药，结束自己的生命，别再拖累家人。

有一次，李娟真的"差点死了过去"。"我反复发高烧，喘不过气，输了8天氧。"李娟从昏迷中醒过来，迷蒙中看到一屋子亲戚朋友。"我知道他们是来送我的，寿衣、棺材都准备好了。"

"那一瞬间，我忽然产生了很强的求生欲。"李娟说，"我还有太多想做的事没有做，太多想去的地方没有去。父母照顾我很不容易，我亏欠他们太多了。"

从"鬼门关"走了一遭，李娟对人生有了新的理解：一辈子很短，既然来到世上，就不能白活。她让妈妈拿来一根筷子，咬在嘴里，试着"点"遥控器。慢慢地，她不仅能这样选台看电视，还能在电话机上拨号打电话。

2013年，命运向李娟敞开了一丝微光。家里安装网线，安装方送了一部触屏手机，在筷子头上用胶布绑上触控笔，她居然可以上网了。

从此，人生多了不少色彩。浏览新闻，和朋友聊天，李娟每天都会通过手机与外界接触，也知道了越来越热的"互联网+"。

用嘴咬着触控笔经营微商小店，帮助父母解决卖果难

2015年，砀山县委、县政府以建设"国家电子商务进农村综合示范县"为契机，积极探索电商扶贫新模式，一批贫困群众和农村能人逐步依靠电商脱了贫、致了富。李娟也知道了电商、微商，并且自学了怎么做微商。

真正让李娟"触网"做电商的，是2015年冬天的那几场大雪。由于连续下大雪，李娟家里的3万多斤苹果没人来收购，眼看就要烂在家里。父母急得吃不下、睡不好。李娟躺在床上，看在眼里，急在心里，看到微信朋友圈有不少卖东西的，她就想自己不妨也试一下，争取帮父母减轻点负担。那一刻，她仿佛一下子看到了希望，突然明白了未来的目标。

从那以后，李娟每天咬着触控笔经营微商小店。自己不能动，就告诉父母怎么用手机给苹果拍照，父母拍好后，李娟仔细挑选，然后上传至朋友圈。有顾客咨询水果的信息，李娟就用嘴咬住触控笔，一个字母一个字母地拼，回复问询。长期下来，嘴里磨出了血泡，牙齿咬出了豁口。每当有顾客咨询的时候，李娟都想尽快回复，但确实心有余力不足，她本可以告诉顾客自己是残疾人，从而获得理解，但拥有很强自尊心的她很少这样做，她希望顾客之所以购买是因为认可她家水果好、服务好。

不到两个月，李娟就把家里滞销的苹果全部卖了出去，解了父母的燃眉之急。

带动邻里电商脱贫，断翅的小鸟在果园里快乐飞翔

砀山县委主要负责同志在得知李娟的事迹后，被她自强不息的精神深深打动，立即安排对她帮扶指导。

"我们去年听说李娟的事，去看了一下，发现她做得还不是太好。"砀山县电商协会会长绳惠展说。于是协会帮李娟注册了"祥澳娟"品牌，重点辅导她怎么更好地开网店，指导她规范产品包装、建立销售体系。

在县委、县政府的大力帮助下，李娟的电商之路越走越宽：成立了砀山娟秀电子商务有限公司，成功入驻了京东砀山馆，成了远近闻名的"电商 CEO"。

由于品质过硬、信誉良好，李娟的订单不断增加，她在网上的人气也"噌噌"往上蹿。2016 年通过做电商，李娟不仅解决了自家的卖果难题，还帮助附近贫困户销售酥梨 8 万余斤，收益 5 万余元，不但自己脱了贫、致了富，还带动了邻里共同脱贫。

"我是一只断翅的小鸟，飞上蓝天，是我最大的目标。人世间的冷暖，我都体会得到，只是命运和我开了一个小小的玩笑。我的心还坚强，我的执着闪耀。人生无止境的路，总有我一条。"李娟说，这首《断翅的小鸟》是她最喜欢的歌，道出了自己的心声。

现在的李娟就像一只断翅的小鸟在果园里快乐地飞翔。"我希望打动大家的，不是我残疾这个标签，而是我带给大家的美味。"李娟说。

人们感动，并不是因为你曾经的苦难，而是你直面苦难时的坚守、乐观和勇气。

（原文发表于《人民日报》2017年10月5日第2版，版名《要闻》，作者：顾仲阳）

作者感言

李娟是不幸的，花季重度瘫痪，生活都不能自理，但她凭借自己的倔强和韧劲，发展电商不仅让自家脱贫，还带动乡亲们一起发展。一只断翅的小小鸟，展翅飞上了高空，书写了一个残疾人的人生辉煌，靠的就是坚强的斗志，这是宝贵的脱贫精神。

后　记

　　这是我写的第一本书，稚嫩难免；这也是我14年纪实性扶贫报道的一个集纳，新闻是易碎品，这书自然也少不了缺憾。成书之际，正值家母病重；付印之际，母亲病危，我想把此书献给我亲爱的妈妈——一个多年的贫困户，作为对她永久的纪念。

　　我母亲早年丧夫，一个人含辛茹苦，拉扯我们兄弟俩长大成人，大半辈子清贫，享福很少。但她吃苦耐劳，跟贫困作顽强斗争，平时念人帮扶，对人重情有义。作为一个寒门弟子，我深知贫困的滋味，也比较了解贫困群众，和他们有着天然的亲近。母亲的言传身教，让我打小学会了自强不息，用奋斗改变命运；也让我学会了扶贫济困、助人为乐，能力范围之内尽量拉别人一把。

　　能在《人民日报》从事扶贫报道，通过自己的工作为贫困群众做点事，我很珍惜。我写的《驻村三记》，能被习近平总书记2017年在深度贫困地区脱贫攻坚座谈会上的讲话所引用，推动我国脱贫攻坚进程，更是我的荣幸。在脱贫攻坚战即将取得全面胜利之际，集纳出版我的纪实性扶贫报道，算是对自己这些年新闻扶贫实践的一个小结，敝帚自珍。

　　是为后记。

顾仲阳

2020年5月8日